Wulf Herrmann · Der Dackel

W0228555

⟨vDH⟩ Herausgegeben unter dem Patronat
des Verbandes für das Deutsche
Hundewesen e.V., 4600 Dortmund

Wulf Herrmann

Der Dackel

Kurzhaar – Rauhhaar – Langhaar

Praktische Ratschläge für Haltung,
Pflege und Erziehung

7. Auflage
Mit 40 Abbildungen, davon 8 farbig

Verlag Paul Parey · Hamburg und Berlin

Die Kapitel „Ernährung" und „Gesundheit" wurden
von Dr. med. vet. Peter Brehm verfaßt.

Weitere Bände in der Reihe „Dein Hund"

**Der Afghane · Airedaleterrier · Der Basset · Der Beagle · Bearded Collie · Berner
Sennenhunde · Bernhardiner · Der Bobtail · Bouvier des Flandres · Der Boxer · Der
Bullterrier · Der Cairn Terrier · Der Chihuahua · Der Chow-Chow · Collie und Sheltie ·
Der Dalmatiner · Der Dobermann · Die Dogge · Der Foxterrier · Golden und Labrador
Retriever · Greyhound · Große Münsterländer · Der Hovawart · Jack-Russell-Terrier ·
Der Kromfohrländer · Der Leonberger · Mischlingshunde · Der Mops · Neufundländer ·
Der Pekingese · Pinscher und Schnauzer · Der Pudel · Der Riesenschnauzer · Der
Rottweiler · Der Deutsche Schäferhund · Schlittenhunde · Setter und Pointer · Der Shih-
Tzu · Der Spaniel · Der Spitz · Die Terrier · Ungarische Hirtenhunde · West Highland
White Terrier · Der Yorkshire Terrier · Dienst- und Gebrauchshunde · Dein Hund auf
Ausstellungen · Dein Hund im Recht**

Die Deutsche Bibliothek – CIP-Einheitsaufnahme

Herrmann, Wulf :
Der Dackel : Kurzhaar – Rauhhaar – Langhaar ; praktische
Ratschläge für Haltung, Pflege und Erziehung / Wulf
Herrmann. [Die Kap. "Ernährung" und "Gesundheit" wurden
von Peter Brehm verf.] – 7. Aufl., 36.–47. Tsd. – Hamburg ;
Berlin : Parey, 1992
  (Dein Hund)
  ISBN 3-490-30812-3

  1.– 7. Tausend 1975
  8.–10. Tausend 1978
  11.–16. Tausend 1980
  17.–21. Tausend 1982
  22.–27. Tausend 1984 (Neubearbeitung)
  28.–35. Tausend 1989 (Neubearbeitung)
  36.–47. Tausend 1992

© 1992 Verlag Paul Parey, Hamburg und Berlin
Anschriften: Spitalerstraße 12, D-2000 Hamburg 1; Seelbuschring 9–17, D-1000 Berlin 42
Umschlaggestaltung: Evelyn Fischer, Hamburg
Satz: Westholsteinische Verlagsdruckerei Boyens & Co., Heide/Holst.
Druck: Druck- + Verlagshaus Wienand, Köln
Printed in Germany
ISBN 3-490-30812-3

Vorwort

Das vorliegende Buch wird Teckel-Freunden viel Freude bereiten. Ganz besonders ist es aber allen denjenigen zu empfehlen, die sich Gedanken über die Anschaffung eines Teckels als Freund und Hausgenossen machen. Der Verfasser, erfahrener Jäger, Teckel-Führer und -Richter, eng verbunden mit der Natur und ihren Kreaturen, stellt hier dem künftigen Teckel-Besitzer einen Leitfaden zur Verfügung, der für die praktische Hundehaltung alles Notwendige enthält.

Wer dem Autor gewissenhaft folgt, kann eigentlich nichts falsch machen.

Der Bogen spannt sich von der so wichtigen Prüfung aller Voraussetzungen *vor* der Anschaffung eines Hundes bis zu der aus Krankheits- oder Altersgründen gebotenen, immer aber bitteren und schmerzlichen Trennung durch den Gnadentod. Gerade dieses heikle Thema behandelt der Verfasser ohne falsche Sentimentalität, aber voller Dankbarkeit und Liebe zum Weggefährten vieler Jahre und mit jener Achtung vor der Kreatur, die Jagd und Jäger seit jeher ausgezeichnet haben.

„. . . den Schöpfer im Geschöpfe ehrt", diese Zeilen sind das Leitmotiv des ganzen Buches. Besonders deutlich in dem ganz ausgezeichneten Kapitel „Erziehung". Hier spricht der wirkliche Fachmann und Kenner, der bei aller Liebe zum Hund nie in die Gefahr der Vermenschlichung gerät. Eine Gefahr, die als Gegenreaktion auf unsere innere Verarmung weit verbreitet ist.

Hundliches Begreifen und Verstehen sind das Ergebnis eines, wenn auch noch so primitiven, Denkprozesses. Eine echte Verstandesleistung, die aus der Erkenntnis einfacher, kausaler Zusammenhänge entspringt. Diese Verstandestätigkeit beim jungen Hund mit behutsamer, einfühlsamer, aber trotzdem konsequenter Hand anzuregen, zu fördern und zum erwünschten Ergebnis zu führen, lehrt der Verfasser in beispielhaft verständlicher und klarer Form. Die beim Welpen so wichtige Phase der Prägung, die Bedeutung der überaus feinen und empfindlichen Nase, all das wird ebensowenig vernachlässigt wie die mehr „technischen" Kapitel über Haltung, Ernährung und Pflege.

Aus der Fülle praktischer Hinweise seien nur zwei erwähnt, und zwar zum einen das gerade von Städtern so selten berücksichtigte Treppensteigen und die damit unter Umständen verbundenen Schäden an der Wirbelsäule. Das Skelett des Hundes ist zwar bei aller Mannigfaltigkeit der Rassen-Palette konstant, dennoch ist gerade der lange Rücken des Teckels nicht für das tägliche Überwinden zahlreicher Treppen geschaffen. Sodann wird hingewiesen auf die viel zu selten beachtete Haftpflichtversicherung gegen Verkehrsunfälle, die von besonderer Bedeutung ist.

Ganz besonders dankbar bin ich aber W. Herrmann für seine aufrechte und freimütige Haltung gegenüber den sogenannten Vermehrern und dem Tierhandel mit Rassehunden.

Der Ursprung des Teckels liegt im Nebel der Vergangenheit. Mag man ihn nun dem ägyptischen Mittleren Reich unter der Dynastie der Sesostris (2300–1850 v. Chr.) zuweisen oder, etwas nüchterner, ihn als Mutation des Jura-Laufhundes mit anschließender konsequenter Weiterzüchtung zur Zwergbracke ansehen, eines jedenfalls steht fest: Der Teckel hat dem Menschen jahrhundertelang hingebungsvoll und treu gedient.

Er hat ihm aber auch mit dem ganzen Charme seiner festgefügten kleinen Hunde-Persönlichkeit Freude, Heiterkeit und Wärme gespendet.

Der Teckel hat einen Anspruch darauf, daß ihm nunmehr der Mensch mit Sachkenntnis und verständnisvoller Liebe entgegentritt. Dafür ist dieses Buch eine wertvolle Hilfe.

Salzau, im April 1975   Romedio Graf Thun-Hohenstein

Die nun vorliegende 7. Auflage wurde wiederum kritisch durchgesehen, ergänzt und auf den neuesten Stand gebracht.

Felde/Kiel, im Sommer 1992   Wulf Herrmann

Inhalt

Eine Wissenschaft für sich? – Die wichtigsten Grundregeln – Fertigfutter – sicher,
bequem und preiswert – Eigener Herd . . . – Patentrezepte

Vorbeugen ist besser als Heilen – Erste Hilfe tut not – Alarmzeichen – Infektionen bedrohen die Gesundheit – Impfungen schützen vor diesen Infektionskrank-
heiten – Gegen andere Infektionen schützt Vorsicht – Wurmkuren gegen uner-
wünschte Kostgänger – Kleine Hausapotheke für den Hund – Zehn Tips für den
Besuch beim Tierarzt – Gefahren für die menschliche Gesundheit?

Herkunft und Abstammung

Teckel, Dackel, Dachshund – diese drei Bezeichnungen meinen immer den gleichen Hund. Er ist der kleine, vierbeinige Gefährte von Jägern und Hundeliebhabern und steht zur Zeit in Deutschland hinsichtlich seiner Beliebtheit und Verbreitung zusammen mit Pudeln und Schäferhunden an erster Stelle. Dachshund ist ganz sicher die eindeutigste Bezeichnung. Wuchs und Charakter sind wesentliche Zuchtergebnisse im Hinblick auf seine Verwendung zur Bejagung von Fuchs und Dachs im Bau. German Dachshund ist auch seine offizielle Bezeichnung im Ausland.

Wie der Name Dachshund treffend sagt, wurde er bereits vor vielen hundert Jahren, ganz sicher seit Anfang des Mittelalters, zur Jagd auf Fuchs und Dachs gehalten. Diese Form der jagdlichen Verwendung deutet darauf hin, daß er niemals ein „aristokratischer" Hund, sondern immer nur ein „gutbürgerlicher" war. Da die Fürsten nicht mit Schaufeln und Spaten ins Revier zu gehen pflegten, um Raubwild zu bejagen, sondern diese oft mühevolle Betätigung dem Jagd- und Forstpersonal überließen, war er auch deren Hund. Noch heute spricht man von einem Försterdackel, wenn man einen mutigen Draufgänger im Fuchs- und Dachsbau meint. Diesen Männern kam es wesentlich darauf an, einen kleinen und sehr mutigen Hund zu führen. Wenn im Programm der „Kieler Woche 1914" artig vermerkt wird, daß S. M. Kaiser Wilhelm II in Begleitung seiner drei Teckel „Taps", „Strolch" und „Senta" die segelsportlichen Ereignisse auf der Kieler Förde beobachtete, so ist dies kein Gegenbeweis. Die drei kaiserlichen Kurzhaarteckel, sie glichen sich wie ein Ei dem anderen, waren weniger Jagdgefährten als vielmehr „seetüchtige" Begleiter des Monarchen. Auch Kronprinz Heinrich hatte Teckel, die ihr gutes Benehmen dem passionierten Abrichter C. H. Grümmer in Kiel verdankten.

Aus seinem Zwinger und seiner Schule gelangte manch Kurzhaarteckel zu „hohen und höchsten Herrschaften". Und diese Teckel hatten auch bereits einen Stammbaum oder, wie man heute sagt, eine Ahnentafel. Seit 1888 – und damit als einer der ersten Rassehundevereine in Deutschland – führt der Deutsche Teckelklub ein Stammbuch,

Langhaar: Gebrauchssieger „Falk vom Schwentinetal"

so daß wir heute sämtliche Teckel der drei Haararten Kurzhaar, Rauhhaar und Langhaar und der drei Größen Normalschlag, Zwergteckel und Kaninchenteckel mit allen Ahnen bis auf dieses Jahr zurückverfolgen können. Das gilt zumindest für alle Teckel, die im Deutschen Teckelklub erfaßt und von diesem die Ahnentafel erhalten haben. Das Jahr 1888 ist somit die hochoffizielle Geburtsstunde der echten Teckel. Alles, was es vorher gab, mag dackelähnlich gewesen sein, aber ein Rassehund im heutigen Sinn war es noch nicht.

Auch heute noch versucht man einen für den Jagdgebrauch geeigneten und außerdem schönen und anatomisch korrekten Teckel zu züchten, obwohl noch keine 10 % der jährlich rund 50 000 in Deutschland eingetragenen Teckelwelpen direkt für die jagdliche Praxis gebraucht werden. Der stattliche Rest führt ein möglicherweise ebenso interessantes, aber doch wohl geruhsameres Leben auf dem Rücksitz des Autos, auf der Couch, als Freund alter und einsamer Menschen oder als Spielkamerad für Kinder und als Begleiter für passionierte Hundeliebhaber.

Die verschiedenen Teckelarten

Bevor eine Beschreibung der Rassekennzeichen des Dachshundes vorgenommen werden kann, muß die Frage geklärt werden, welche Teckel es denn überhaupt gibt. Wir kennen drei Haararten, nämlich
Langhaar – Rauhhaar – Kurzhaar,
und hinsichtlich der Größe ist zu unterscheiden zwischen
dem **Normalschlag**,
einem Teckel zwischen 5 bis 10 kg Gewicht und einem Brustumfang, direkt hinter den Vorderläufen an der breitesten Stelle der Brust über dem Widerrist gemessen, von mehr als 35 cm,
dem **Zwergteckel**,
mit einem Brustumfang von 30 bis 35 cm und einem Gewicht von etwa 3 bis 4 kg (entscheidend ist nur der Brustumfang in einem Alter von mehr als 15 Monaten),
und dem **Kaninchenteckel,**
mit einem Brustumfang bis zu 30 cm und einem Gewicht bis etwa 3,5 kg. (Auch hier ist nur der Brustumfang für die Anerkennung als Kaninchenteckel entscheidend, und auch diese Feststellung darf erst im Mindestalter von 15 Monaten von einem anerkannten Formwert- oder Ausstellungsrichter getroffen und in die Ahnentafel eingetragen werden.)

Die drei Haararten dürfen nicht miteinander gekreuzt werden. Bei den verschiedenen Größen ist es komplizierter. Bis 1980 durften Varietäten aller Größen untereinander gekreuzt werden. Von 1980 bis 1982 durften Teckel unterschiedlicher Größe nicht gepaart werden, und jetzt gilt, daß die Zwerg- und Kaninchenteckel eine eigene Gruppe als sogenannte Kleinteckel mit eigenem Stammbaum bilden und untereinander gepaart werden dürfen.

Diese Kleinteckel dürfen gekreuzt werden, aber nur in Ausnahmefällen und nach Zustimmung des Bundeszuchtwartes mit ihren großen Brüdern aus dem Normalschlag. Neben den Haararten Kurzhaar, Rauhhaar, Langhaar und den drei Größen Normalteckel, Zwergteckel, Kaninchenteckel gibt es die Farbvariationen, die bei den drei Haararten unterschiedlich sind.

11

Kurzhaar:
Zur Zeit recht selten

Den **Kurzhaarteckel** gibt es einfarbig in Rot, Rotgelb und mit mehr oder weniger starker schwarzer Stichelung. Rein rote Farbe ist wertvoller als rotgelb oder gelblich. Zweifarbige Kurzhaarteckel sind tiefschwarz oder braun mit rostbraunen oder gelben Abzeichen, auch Brand genannt. Dieser kann sich über den Augen, an den Seiten des Fanges und der Unterlippe, am inneren Behangrand, an der Vorderbrust, den Innen- und Hinterseiten der Läufe oder an den Pfoten befinden. Außerdem gibt es den sogenannten Tigerteckel. Er ist eine relativ seltene züchterische Spielart. Sein besonderes Kennzeichen ist eine helle bräunliche bis hellgraue Grundfarbe mit dunklen, unregelmäßigen Flecken, die gleichmäßig verteilt und nicht zu groß sein sollen. Sein Fell ist also „getigert", daher die Bezeichnung. Bei diesem Teckel soll weder die dunkle noch die helle Farbe vorherrschen.

Der **rauhhaarige Dachshund** ist normalerweise saufarben. Und wer nicht weiß, was saufarben ist, sollte sich einmal im Tierpark Wildschweine ansehen. Die Färbung kann mal etwas heller oder auch ein wenig dunkler (dunkel saufarben) sein. Andere Farben (Schwarz-Rot, Dürrlaubfarben, Braun) einschließlich der Tigerung sind selten.

Die **Langhaar-Dackel** zeigen sich vorzugsweise in den Farben Rot und Schwarz-Rot, wobei für die Roten zuchtmäßig ein tiefes Mahagonirot anzustreben ist und bei den Schwarz-Roten der ganze Teckel schwarz, jedoch mit rotem Brand gezeichnet ist. Was unter Brand zu verstehen ist, beschrieb ich weiter oben bei den Kurzhaarteckeln.

Rassekennzeichen

Allgemeine Erscheinung. Niedrige, kurzläufige, langgestreckte, aber kräftige Gestalt mit derber Muskulatur und keck herausfordernder Haltung des Kopfes mit klugem Gesichtsausdruck. Trotz der im Verhältnis zum langen Körper kurzen Gliedmaßen weder krüppelhaft plump noch schmächtig erscheinend.

Kopf. Langgestreckt, sich gleichmäßig bis zur Nasenspitze hin verschmälernd. Oberkopf nur flach gewölbt und ohne deutlich ausgeprägten Stirnabsatz in den fein geformten, leicht gewölbten Nasenrücken verlaufend. Augenjochbögen kräftig hervortretend. Die Lippen straff gespannt, den Unterkiefer gut deckend. Der Fang weit dehnbar, mit stark entwickeltem Gebiß und Kiefer. Kräftige, ineinandergreifende Fangzähne.

Augen. Mittelgroß, oval, mit klarem, nicht stechendem Ausdruck. Augenfarbe leuchtend dunkelrotbraun bis schwarzbraun. Je dunkler die Augenfarbe, desto besser.

Behang (Ohren). Hoch, aber nicht zu weit vorn angesetzt, nicht zu lang und schön abgerundet, nicht schmal, spitz oder faltig. Mit dem vorderen Saum dicht an der Wange anliegend.

Hals. Genügend lang und muskulös, ohne Kehlwamme, mit leichter Wölbung im Genick, frei aufrecht getragen.

Schulterblatt. Lang und schräg gestellt, gut am Brustkorb anliegend, mit plastischer Bemuskelung.

Oberarm. Dieser muß etwa die gleiche Länge haben wie das Schulterblatt, im rechten Winkel zu diesem stehen und straff bemuskelt sein, an den Rippen anliegend, aber frei beweglich.

Unterarm. Kurz und möglichst gerade, gut bemuskelt. Etwa so lang, daß der Abstand vom Boden zur tiefsten Stelle der Brust beim Teckel etwa ein Drittel der Widerristhöhe beträgt.

Pfoten. Sie sollen geschlossen und gut gewölbt sein und kräftige Fußballen haben. Von den fünf Zehen treten vier auf. Diese sind dicht zusammengestellt, mit starken Krallen und derben Zehenballen.

Rücken. Mit hohem und langem Widerrist, gerade und zum Rutenansatz hin ganz leicht abfallend verlaufend.

Brust. Mit ausgeprägtem Brustkorb, harmonisch in die Bauchlinie übergehend. Die Brust wird seitlich gesehen von Schulter und Oberarm verdeckt und soll ihren tiefsten Punkt zwischen den Vorderläufen haben.

Kruppe. Lang und gut abgerundet, voll bemuskelt.

Ober- und Unterschenkel. Im rechten Winkel zueinander stehend, verglichen mit anderen Hunderassen verhältnismäßig kurz, ausreichend bemuskelt.

Pfoten der Hinterhand. Wie die Vorderpfoten dicht geschlossen und gut gewölbt. Der ganze Fuß soll auf dem Sohlenballen und nicht nur auf den Zehen ruhen. Kurze, kräftige Krallen. Die Hinterhand soll von hinten gesehen gerade sein, also weder X- noch O-beinig.

Rute. In harmonischer Linie die Rückenpartie fortführend, ohne Knick.

Hinsichtlich der Behaarung stichwortartig einige Sondermerkmale der verschiedenen Haararten des Dachshundes:

Behaarung beim kurzhaarigen Dachshund. Kurz, dicht, glänzend, gut anliegend, ohne unbehaarte Körperflächen; fehlerhaft sind zu feines und zu dünnes Haar, Kahlstellen, zum Beispiel an den Behängen oder am Rutenende, ebenso abstehende Haare.

Behaarung beim rauhhaarigen Dachshund. Mit Ausnahme von Fang und Augenbrauen vollkommen anliegend, mit guter, dichter Unterwolle, die Haare sollen drahtig und hart sein, aber nicht abstehen. Aus einiger Entfernung gesehen soll der gute Rauhhaar einem kurzhaarigen Teckel gleichen. Weiches Haar ist ebenso fehlerhaft wie vom Körper abstehendes, lockiges oder welliges Haar.

Behaarung beim langhaarigen Dachshund. Er trägt glänzend-fließende, weiche Behaarung, die sich unter dem Hals, an der Unterseite des Körpers, am Behang und an der Hinterseite der Läufe verlängert. Die größte Haarlänge zeigt sich an der Unterseite der Rute, wo man von einer Fahne spricht. Fehlerhaft ist struppiges Haar, das Fehlen der Fahnenrute und die Bildung eines Haarscheitels auf dem Rücken. Auch darf eine zu lange Behaarung zwischen den Zehen nicht zur „Flossenbildung" führen.

Fehler

Die Fehler, die sich an unseren Teckeln zeigen können, lassen sich grob in drei Kategorien einteilen.

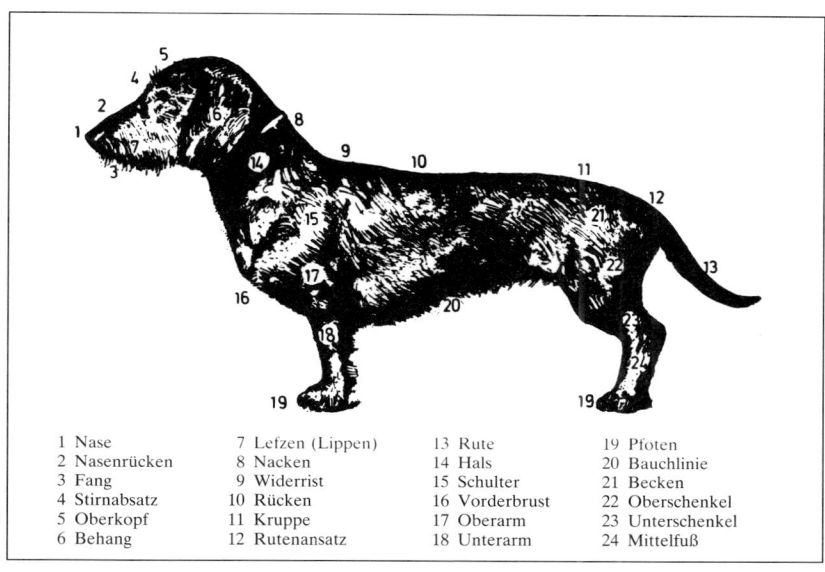

1 Nase	7 Lefzen (Lippen)	13 Rute	19 Pfoten
2 Nasenrücken	8 Nacken	14 Hals	20 Bauchlinie
3 Fang	9 Widerrist	15 Schulter	21 Becken
4 Stirnabsatz	10 Rücken	16 Vorderbrust	22 Oberschenkel
5 Oberkopf	11 Kruppe	17 Oberarm	23 Unterschenkel
6 Behang	12 Rutenansatz	18 Unterarm	24 Mittelfuß

Zuchtausschließende Fehler. *Rückbeißer,* das sind Hunde, deren Unterkiefer deutlich und manchmal bis zu 1 oder 2 cm hinter dem Oberkiefer zurückbleibt.

Vorbeißer, das sind Hunde, deren Unterkiefer deutlich über den Oberkiefer nach vorn hinausragt.

Abgesetzte Brust ist eine Rippendeformation, die von dem Laien nicht auf den ersten Blick erkannt wird. Bei Teckeln mit abgesetzter Brust verläuft die Unterlinie des Hundes nicht gleichmäßig nach hinten ansteigend mit dem tiefsten Punkt zwischen den Vorderläufen, sondern hat nur wenige Zentimeter hinter den Vorderläufen einen nach oben führenden Absatz. Ursache ist eine Verformung der neunten, sogenannten echten Rippe.

Rutenfehler können ihre Ursache in dem Zusammenwachsen von zwei Wirbeln haben oder sehr augenfällig als Stummelrute oder mit andersartigen Deformationen in Erscheinung treten. Eine Knickrute erkennt man, indem man den Hundeschwanz, die „Rute", langsam zwischen Daumen und Zeigefinger hindurchgleiten läßt und dabei kontrolliert, ob alle Wirbel gegeneinander beweglich sind. Wenn dies

15

nicht der Fall ist und zwei Wirbel, möglicherweise sogar in Verbindung mit einer Richtungsänderung des Schwanzes, zusammengewachsen sind, hat man den besonders augenfälligen Befund einer Knickrute.

Hodenlosigkeit oder *Einhodigkeit* kommt bei Rüden hin und wieder vor. Die Bezeichnung an sich ist falsch, denn in jedem Fall wird der Rüde zwei Hoden haben, nur daß bei manchem erwachsenen Hund die Drüsen nicht aus der Leistengegend herausgetreten sind. Sie sind dann aufgrund der für sie zu hohen Körpertemperatur nach und nach einer Zurückbildung unterworfen.

Wenn Ihr Teckel einen dieser Fehler hat, so ist er züchterisch wertlos, auch wenn er sonst der liebste und schönste Hund ist.

Bedeutsame Fehler, die den Zuchtwert des Hundes deutlich negativ beeinflussen. Schwächliche oder im Gegensatz dazu plumpe, schleppende Gestalt, mit schwerfälligem, unbeholfenem Gang, stark nach außen gedrehte Vorderzehen, Senkrücken, Karpfenrücken, muskelarme oder schlecht gewinkelte Hinterhand, Kuhhessigkeit (X-Beine) oder Faßbeinigkeit (O-Beine), zu helle Augen, schlechte Behaarung.

Leichtere Fehler. Schlecht angesetzte, abstehende oder faltige Behänge, zu starker Stirnabsatz, zu spitz und zu schwach ausgebildeter Fang, zu geringer Bodenabstand des Hundes, Übergewicht (beim Normalschlag mehr als 9 kg).

16

Verwendung

Die weite Verbreitung des Teckels hat natürlich ihre Gründe. Irgendwie ist auch ein Hund Gebrauchsgegenstand, und je vielseitiger er zu verwenden ist, je brauchbarer also im praktischen Sinne, desto mehr Freunde wird er finden. Mit der Äußerung dieses Gedankens will ich nicht bezweifeln, daß in erster Linie ideelle Werte für das Zusammenleben von Mensch und Hund, also auch Mensch und Dackel, ausschlaggebend sind.

Im Revier

Im Fuchsbau. Schon lange bevor man 1888 den Deutschen Teckelklub gründete, wurde ein möglichst kurzläufiger und mutiger Hund für die Jagd von Fuchs und Dachs gezüchtet. Der Teckel kriecht in den Bau, er „schlieft ein" und veranlaßt den in einer Röhre oder im Kessel sich aufhaltenden Fuchs durch heftiges Bellen in Verbindung mit energischen Angriffen zur Flucht. Über dem Fuchsbau warten, jedes Geräusch vermeidend, die Jäger, um den flüchtigen Reinecke zu erjagen.

Die Jagd auf den Dachs ist ähnlich, nur muß dieses Raubwild häufig ausgegraben werden, da es den Bau meist auch dann nicht verläßt, wenn ihm der Teckel grimmig zusetzt. Der Dachshund zeigt dem Waidmann aber durch Bellen, wo er dem Dachs vorliegt und auch ungefähr, wo gegraben werden muß oder wie tief sich „Grimbart" verborgen hält. Diese Jagdart hat heute an Bedeutung verloren, weil der Dachs nicht mehr so zahlreich vorkommt.

Schweißfährte. Für den Jäger ist der Teckel zur Arbeit auf der Schweißfährte von noch größerer Bedeutung als bei der Bejagung des Raubwildes im Bau. Denken wir an seine feine Nase, die mit 225 Millionen Riechzellen 28mal stärker ist als die menschliche. Er weiß sie einzusetzen und hilft dem Jäger krankes Wild zu finden. Manchem Stück Wild wurden lange Qualen dadurch erspart, daß der in dieser Hinsicht gut geführte, also gut eingeübte Teckel dem Waidmann den Weg zum Versteck des kranken Wildes wies. Schon bei den Schweiß-

17

prüfungen zeigt der Hund seine große Leistungsfähigkeit und bestätigt so seine Eignung für den Einsatz in der jagdlichen Praxis.

Beim **Stöbern** kommt es darauf an, Wild, das sich in schwer zugänglichen Dickungen verborgen hält, vor den Jäger zu bringen. Der geübte Hund tut dieses bei entsprechender Veranlagung mit Geschick und Erfolg. Da er durch seine geringe Größe und seine nicht sehr große Schnelligkeit vom Wild nicht als besondere Bedrohung empfunden wird, stellt es sich in der Dickung oder verläßt diese meist nicht hochflüchtig, sondern langsam und sich oft nach dem Verfolger umäugend. So hat der Waidmann die Möglichkeit, das Wild in Ruhe anzusprechen und sich anschließend zum Schuß oder zur Schonung zu entschließen.

In der Stadt

Etagenhaus und Einzelhaus. Nicht nur auf dem Land, in Wald und Feld, auch in der Stadt kann sich ein Teckel wohlfühlen, denn er braucht nicht so viel Auslauf und Bewegung wie die großen Hunderassen, und er ist sehr anpassungsfähig. Heute werden weit mehr Teckel in der Stadt als auf dem Land gehalten, und wenn wir an die vielen einsamen, alten Menschen in den Stadtwohnungen denken, so kommt einem kleinen Hausgenossen hier eine ganz besondere Bedeutung zu.

Bei jedem Wetter muß mit dem Hund ein Spaziergang gemacht werden, und wir wissen doch alle: Den meisten von uns fehlt Bewegung, und der eigene Teckel hilft diese zu verschaffen.

Wenn der Dackel zusätzlich zu den täglichen Spaziergängen ein halbes Stündchen ohne Halsband und Leine toben kann, braucht man auch als in der Stadt wohnender Hundehalter kein schlechtes Gewissen seinem Vierbeiner gegenüber zu haben. Optimal ist ein dackeldicht eingezäuntes Einfamilienhaus-Grundstück – aber das kann nun einmal nicht jeder besitzen, der einen Teckel sein eigen nennen möchte.

Gefahren im Etagenhaus. Gefahren bergen Stadt und Land für den Hund. Gar manche Hunde sind auf dem Lande beim Wildern oder versehentlich bei der Jagdausübung selbst erschossen worden, wie viele in der Stadt vom Verkehr überrollt? Es kommt einfach darauf an, sich um den Hund zu kümmern und nicht ihn sich selbst zu überlassen.

Problematisch ist die Unterbringung von Hunden in den oberen Wohnungen mehretagiger Häuser ohne Aufzug. Das dauernde Auf

Beides sind Teckel: ein rauhhaariger Zwerg und ein langhaariger in Normalgröße

und Ab auf vielen Geschoßtreppen tut dem Dackel in jungen Jahren genausowenig gut wie im Alter, und man sollte den Hund notfalls treppab tragen. Hier bedarf es des Fingerspitzengefühls und der Beobachtung. Wenn ein Hund mit Begeisterung die Treppen nach oben flitzt, so soll man ihn gewähren lassen. Wenn er jedoch Unlust, Müdigkeit oder Überanstrengung durch Ausruhen auf den einzelen Treppenpodesten zeigt, sollte man ihn auf den Arm nehmen.

Achtung ist geboten bei Fahrtreppen, wie wir sie heute vielerorts finden. Auf ihr muß jeder Hund *unbedingt* getragen oder auf dem Nebenweg über die Treppe geführt werden. Die scharfen Profile in den Metallstufen und das Gegeneinanderarbeiten der einzelnen, beweglichen Stufenteile bedeutet höchste Gefahr für die Pfoten des Hundes. Gefahren lauern auch an Aufzügen. Die Türen schließen sich automatisch, nachdem die Menschen eingetreten sind, und eine elektrische Lichtschranke sorgt dafür, daß Personen nicht eingeklemmt werden können. Der kontrollierende Lichtstrahl erfaßt aber nicht den kleinen Hund, und daher könnte er sehr leicht eingeklemmt und verletzt werden. Auch die Fuge zwischen dem Podest und dem sich bewegenden Aufzugkorb kann die kleine Hundepfote verletzen. Also auch hier Vorsicht!

Haus oder Zwinger

Schon wiederholt wurde ich gefragt, ob die Hundehaltung im Haus oder im Zwinger besser sei. Die Fragestellung ist nicht richtig. Für beide Teile das beste ist es natürlich, wenn der Hund in enger Gemeinschaft mit der Familie lebt; aber für die Familie kann es auch sehr angenehm sein, den Hund stundenweise in einem geeigneten Zwinger unterzubringen. Im engen Kontakt zum Menschen bei gelegentlicher Unterbringung im Zwinger – zum Beispiel während der Erledigung von Einkäufen oder sonstiger Abwesenheit. Über die Nur-Zwingerhaltung gibt es sehr unterschiedliche Meinungen, zumal der große Züchter keine andere Möglichkeit hat, als seine Hunde im Zwinger zu halten. Ich selbst lehne die ausschließliche Haltung des Hundes im Zwinger ab, insbesondere dann, wenn er allein untergebracht ist. Der Hund braucht, und diese Feststellung ist ganz rasseunabhängig, Ruhe, aber auch Abwechslung, Fürsorge und Geselligkeit. Da er seinem Ursprung nach ein Meutetier ist, fühlt er sich dann am wohlsten. Ein einzelner Hund, tagaus, tagein in einem abgeschirmt liegenden Zwinger gehalten, muß zum unberechenbaren Eigenbrötler werden, selbst wenn Zwingeranlage, Ernährung und Sauberkeit tipptopp in Ordnung sind.

Gerade bei der Haltung und Unterbringung kommt ein besonderer Vorteil des Teckels zum Tragen. Er nimmt wenig Platz weg, stört bei entsprechender Erziehung niemanden und wird schon aus diesem Grund ein angenehmer, gern gelittener Hausgenosse sein – und ein Hausbewacher zugleich.

Zur Zwingerhaltung ein Hinweis auf das Tierschutzgesetz. Eine Rechtsverordnung hierzu vom 6. 6. 1974 regelt die Haltung von Hunden im Freien. Sie unterscheidet zwischen der Anbindehaltung, der Zwingerhaltung, der Haltung auf Freianlagen und der Haltung in Schuppen, Scheunen und nicht benutzten Stallungen. Ich gehe davon aus, daß kein Dackelliebhaber seinen Hund angebunden im Freien halten wird. Im § 4 wird über die Zwingerhaltung gesprochen, aber an die Dackel ist offensichtlich nicht gedacht worden, denn es heißt dort: „. . . für einen mittelgroßen, über 20 kg schweren Hund ist eine Grundfläche ohne Schutzraum von mindestens 6 m² erfordérlich; für

Zwei gut gepflegte rote Langhaar-Teckel

jeden weiteren in demselben Zwinger gehaltenen Hund, ausgenommen Welpen beim Muttertier, sind der Grundfläche 3 m² zuzurechnen." Die daraufhin aufkommende Frage, wie groß ein Zwinger für kleine Hunde unter 20 kg Körpergewicht sein muß, wird in der Verordnung nicht erwähnt.

Jeder Teckelhalter, der das Recht für sich in Anspruch nimmt, Hundeliebhaber genannt zu werden, sollte daher auch für einen Teckel die 6 m² nicht unterschreiten. Selbstverständlich, und so steht es auch in der Verordnung über die Zwingerhaltung, müssen Boden, Einfriedung und die übrigen Einrichtungen des Zwingers aus gesundheitsunschädlichem Material hergestellt und so verarbeitet sein, daß die Hunde sich nicht verletzen können. Mindestens eine Seite des Zwingers muß den Hunden Sicht nach außen ermöglichen. Das Innere des Zwingers muß sauber, trocken und ungezieferfrei gehalten werden. Im Sommer und bei starker Sonneneinstrahlung und hohen Außentempe-

21

raturen muß zudem ein schattiger Platz zur Verfügung stehen, das ist selbstverständlich. Die Hütte für Hunde im Freien muß allseitig aus wärmedämmendem, gesundheitsunschädlichem Material hergestellt sein und vor nachteiligen Witterungseinflüssen Schutz bieten, insbesondere darf Feuchtigkeit nicht eindringen.

Auch sollte sie so bemessen sein, daß der Hund sich darin verhaltensgerecht bewegen und den Raum durch seine Körpertemperatur warmhalten kann. Letzteres bedeutet, daß neben einer guten Wärmeisolierung der Innenraum der Hütte sehr knapp bemessen sein muß. Hier können Tierfreunde, in der vermeintlichen Annahme, ihrem Hund etwas Gutes zu tun, Wesentliches falsch machen.

Hundekauf

Es gibt so viele Möglichkeiten, zu einem Hund und möglicherweise auch auf den Hund zu kommen. Daher einige Ratschläge zur Anschaffung eines Dackels. Falls Sie bereits einen haben, überblättern Sie diese Seiten, denn entweder Sie haben alles richtig gemacht – oder aber es ist für gute Ratschläge vorab zu spät.

Voraussetzungen

Bevor man überhaupt einen Hund erwirbt oder sich von den Kindern und Enkeln dazu überreden läßt, sollte in Ruhe geprüft werden, ob die rechtlichen und örtlichen Gegebenheiten eine sachgemäße Hundehaltung überhaupt erlauben. Wenn ich die rechtlichen Voraussetzungen anspreche, so denke ich an einen Mietvertrag, in dem vielleicht die Haustierhaltung oder speziell die Hundehaltung ausgeschlossen ist. Ein Mieter sollte also seinen Mietvertrag daraufhin durchsehen. Ist in diesem die Hundehaltung ausdrücklich untersagt, gibt es noch das Gespräch mit dem Vermieter. Bringt dies keinen Erfolg, so sollten Sie, wenn auch schweren Herzens, den Gedanken an einen eigenen Hund wieder vergessen.

Ist in dem Mietvertrag von Hundehaltung überhaupt nicht die Rede, haben Sie jedoch Nachbarn, so sollten Sie Ihre Absicht mit diesem Personenkreis besprechen, denn auch unabhängig von dem Mietvertrag könnten Ihnen die übrigen Hausbewohner erheblichen Ärger bereiten. Als Stichwort sei nur der Begriff „ruhestörender Lärm" genannt, dem man allerdings durch umsichtige Hundeerziehung vorbeugen kann.

Wohnen Sie jedoch allein und im eigenen Haus, so muß sich die Überlegung vor dem Kauf mehr um die Frage drehen, ob der Hund es denn gut bei Ihnen hätte. Ob regelmäßig für ihn gesorgt werden kann, was mit ihm passiert, wenn Sie Urlaub machen, ob er sein eigenes Eckchen als Liegestatt erhalten kann und ob Sie finanziell, aber auch sonst in der Lage sind, immer für geeignetes Futter zu sorgen. Haben Sie auch hier keinen Grund zum Zweifel, so sollten Sie einen Teckel erwerben, nicht ohne vorher im engsten Familienkreis die Frage zu klären, ob es ein Kurzhaar, ein Rauhhaar oder vielleicht ein Langhaar sein soll.

Welche Haarart?

Die Kurzhaar sind selten geworden und machen noch nicht einmal 4 % aller eingetragenen Teckel in Deutschland aus. Sie werden also vielleicht einige Schwierigkeiten beim Kauf haben, sollte ihre Wahl auf diesen fallen. Einen vernünftigen Grund dafür, warum es zur Zeit sehr viel mehr Rauhhaar und Langhaar als Kurzhaarteckel gibt, kann ich Ihnen nicht nennen. Auch der Beliebtheitsgrad der Hunde ist Modetrends unterworfen. Der Rauhhaar paßt am besten zur Lederhose, ist aufgrund des Terrierbluts in seinen Adern meist schärfer, aber auch schwerführiger als der Langhaar. Dieser hingegen ist der eleganteste Teckel und paßt vorzüglich zu einer Führerin. Er ist leichtführiger, anhänglicher und weniger verwegen. Diese Feststellungen treffe ich mit allem Vorbehalt, da Verallgemeinerungen gefährlich sind und Sie beim Kauf möglicherweise die Ausnahme erwischen, die es bei jeder Regel gibt.

Rüde oder Hündin?

Neben der auszuwählenden Haarart muß auch entschieden werden, ob ein Rüde oder eine Hündin angeschafft werden soll. Wenn Sie die Absicht haben sollten, später auch einmal zu züchten, oder zumindest diesen Gedanken nicht ganz ausschließen, dann ist die Frage ohnehin klar. Sind Sie sich aber sicher, daß Sie nicht züchten werden, bleibt es dennoch eine nicht unwesentliche Entscheidung.

Bei der Hündin können Sie davon ausgehen, daß sie anhänglicher sein wird, ein bißchen häuslicher vielleicht – dafür aber auch im Jahr zweimal läufig wird. Einmal im Frühjahr und einmal im Herbst. Die Dauer der gesamten Läufigkeit beträgt rund drei Wochen. Eine Woche lang kommt die Hitze, eine Woche ist sie etwa auf dem Höhepunkt und eine dritte Woche nimmt die Läufigkeit wieder ab. In diesen drei Wochen werden Sie Besuch von den Rüden der näheren oder sogar weiterer Umgebung erhalten. Sie werden bei Ihnen vor der Haustür oder im Vorgarten sitzen, und der Besitzer einer Hündin muß höllisch aufpassen, damit nicht Eugen Roth mit seiner Feststellung recht bekommt: „Gelingt ihm eine Flucht mal, so ist es vorüber mit der Zuchtwahl."

Das Problem ist jedoch zu lösen, wenn man rechtzeitig zum Tierarzt geht. Er kann der Hündin eine unschädliche Spritze geben, die die Läufigkeit gar nicht erst aufkommen läßt. Wie gesagt, nur rechtzeitig muß sie gegeben werden – spätestens drei, sicherheitshalber sechs Wochen vor der zu erwartenden Hitze bzw. etwa 4 bis 5 Monate nach der letzten. Über Einzelheiten sollten Sie einen Tierarzt zu Rate ziehen.

Der Besitz eines Rüden kann in dieser Hinsicht sorgloser sein. Bei ihm kann es allerdings passieren, daß er mehrere Tage lang auf Wanderschaft geht, wenn er den buchstäblich hinreißenden Geruch einer läufigen Hündin aus der Nachbarschaft wahrgenommen hat.

Ahnentafel, Stammbaum, Impfpaß

Auf jeden Fall sollte Ihr Hund eine Ahnentafel haben. Alle Hunde, seien sie auch noch so reinrassig, gelten im züchterischen Sinn, aber auch im juristischen, als Bastarde, wenn sie keine Ahnentafel haben, auf der mütterlicher- und väterlicherseits die letzten drei Generationen eingetragen sind. Der älteste und vom Jagdgebrauchshund-Verband anerkannte Klub ist der „Deutsche Teckelklub", der seit 1888 ein Stammbuch führt. Ein anderer, nach dem Zweiten Weltkrieg gegründeter Verein ist der „Internationale Dackelklub Gergweis".

Darüber hinaus gibt es noch eine Vielzahl anderer Vereine mit manchmal weniger als hundert Mitgliedern.

Daß alle Welpen bereits vor dem Kauf die erste Impfung gegen Staupe und Hepatitis (ansteckende Leberentzündung) erhalten, ist nicht selbstverständlich, der Deutsche Teckelklub hat es jedoch seinen Mitgliedern vorgeschrieben. Achten Sie also darauf, beim Kauf neben der Ahnentafel auch den Impfpaß für Ihren Hund zu erhalten. Für jeden Welpen wird ein solcher Impfpaß als Begleitpapier ausgestellt.

In dem Formular der Ahnentafel ist in ein kleines Kästchen die Registrier-Nummer eingetragen, die dem Hund von dem zuständigen Zuchtwart in den Behang tätowiert wird. Vergleichen Sie die in diesem Papier eingetragene Täto-Nummer mit der im rechten Ohr des von Ihnen ausgesuchten Welpen. Im Impfpaß ist unter „Besondere Kennzeichen" ebenfalls diese „Täto-Nummer" eingetragen. Auch hier sollte kontrolliert werden.

25

*Zwei prächtige
Langhaarteckel*

Wieviel kostet ein Teckelwelpe?

Bedenken Sie, daß ein Teckel zwischen 10 und 15 Jahre alt wird, dann werden Sie wie ich zu der Ansicht kommen, daß der beste Hund gerade gut genug für Sie ist und nicht der billigste. Über eine Kaufpreis-Differenz von 100,– DM sollte nicht zu lange nachgedacht werden, auf die Lebensdauer des Hundes gerechnet, spielt sie keine entscheidende Rolle.

Preise für Welpen zu nennen, ist in dieser Zeit zu riskant, obwohl festzustellen ist, daß an den laufenden Preissteigerungen die Hunde-züchter kaum Anteil haben. Der gesunde, etwa zehn Wochen alte Welpe kostet, unabhängig von der Haarart, einschließlich Ahnentafel und Erstimpfung um 600 Mark. Das gilt für den Normalschlag. Die Zwergteckel werden mit einem Aufschlag von rund 100 Mark verkauft, und die allerkleinsten, die Kaninchenteckelwelpen, sind unter Umstän-den noch ein wenig teurer. Bei rassereinen, eingetragenen Welpen sind die Preisschwankungen von Züchter zu Züchter nur unerheblich.

Wie alt sollte der Teckel beim Kauf sein?

Mit acht bis zehn Wochen werden die Welpen vom Zuchtwart abgenommen, also auf zuchtausschließende Fehler hin untersucht, und auch die mit Fehlern werden tätowiert! Einige Tage vorher läßt der Züchter sie nach einer vorangegangenen Wurmkur impfen, denn der Impfpaß muß dem Zuchtwart bereits vorgelegt werden. Die Zeit zwischen der 9. und 12. Woche halte ich aus der Sicht des Käufers für das günstigste Alter. Zu dieser Zeit sind die Welpen noch von großem tolpatschigem Reiz, und die Prägungsphase, nämlich die Altersphase, in der sie sich instinktiv besonders intensiv einem Menschen zuwenden und eine innige Verbindung zu diesem entsteht, ist zu diesem Zeitpunkt noch nicht abgelaufen. Ein Teckel, den Sie mit einem Jahr oder gar älter gekauft haben, wird kaum mehr einen so engen Kontakt zu Ihnen finden, wie es bei Welpen in einem Alter zwischen 8 und 12 Wochen der Fall ist. Die Phase, in der sich der Hund auf den ihn umsorgenden Menschen prägt, darf zum Zeitpunkt des Kaufes auf keinen Fall erloschen sein.

Wo kauft man ihn?

Nach der Frage, was vor dem Kauf eines Teckels bedacht werden muß, nun zur Frage, wo man ihn kauft. Da der direkte Weg im Leben meist der beste und korrekteste ist, sollte man den Teckelwelpen *beim Züchter* kaufen. Hier kann man sich über die Aufzucht unterhalten, hier kann man aber auch – und das ist das Wichtigste – die Elterntiere, zumindest die Mutter, besichtigen. Züchter sind nahezu ausnahmslos große Hundeliebhaber, die, von wenigen Ausnahmen abgesehen, die Zucht nicht des Geldes, sondern der Freude am Hund wegen betreiben. Die meisten Züchter haben ein, höchstens zwei bis drei Muttertiere, die einmal im Jahr einen Wurf bringen. Der zur Zucht passende Rüde wird mit größter Sorgfalt ausgesucht.

Von diesem Züchtern wird es als Selbstverständlichkeit angesehen, mit der läufigen Hündin am zehnten bis zwölften Tag ihrer Hitze notfalls Hunderte von Kilometern zu fahren, um die Paarung mit einem Rüden vorzunehmen, der mit der betreffenden Hündin einen guten Wurf zu bringen verspricht. Wenn auch Zuchtprodukte bei allen Tierarten gewissen Zufälligkeiten unterworfen sind, so ist Zucht dennoch kein Lotteriespiel. Ein Züchter mit großen Kenntnissen der

Blutlinien seiner Hunde wird es bei zielstrebiger Zucht mit Sicherheit erheblich weiter bringen als jemand, der den Rüden der Bequemlichkeit halber aus der unmittelbaren Nachbarschaft holt, ohne sich Gedanken zu machen, ob diese Paarung auch „paßt".

Versäumen Sie es nicht, sich beim Züchter auch Notizen darüber zu machen, was der Welpe bisher an Nahrung erhielt. Für Ihren neuerworbenen Hund ist die Umstellung ohnehin ein sehr tiefer Einschnitt in seinem Leben. Es dauert Tage, bis er sich mit seinem neuen Zuhause, mit den Lebensgewohnheiten der anderen Menschen, mit den Gerüchen und örtlichen Gegebenheiten vertraut gemacht hat. Hier sollte, wenn irgend möglich, nicht noch eine Futterumstellung zusätzliche Anpassungsschwierigkeiten für den Welpen bereiten. Merken Sie sich also bitte: Die beste Möglichkeit zum Kauf bietet sich bei dem einem anerkannten Verband angeschlossenen Züchter.

Die schwarzen Schafe in den Reihen der Züchter bilden die sogenannten *Vermehrer*. Diese sind meist auch einem Verband angeschlossen, züchten jedoch nicht aus Liebe und Interesse am Tier, sondern wegen der Einnahmen am Welpenverkauf. Sie züchten nicht Hunde, sondern produzieren sie, wie in den Fabriken Gebrauchsgegenstände produziert werden. Wichtigste Gesichtspunkte sind möglichst geringe Herstellungkosten bei möglichst günstigem Gewinn. Verständlich, daß die echten Züchter hierin eine „schmutzige Konkurrenz" erkennen. Verbände distanzieren sich oft von den „Vermehrern", manchmal jedoch aus finanziellen Gründen nur schweren Herzens, denn Leute, die im Jahr Hunderte, wenn nicht Tausende von Teckeln produzieren (so etwas gibt es!), bringen auch die meisten Eintragungsgebühren für den Verband, so daß hier züchterische Seriosität und finanzielle Interessen gegensätzliche Pole bilden.

Natürlich müssen größere Züchter nicht unbedingt Vermehrer im negativen Sinne sein. Skepsis ist aber immer angebracht, wenn die Zucht von Rassehunden in zu großem Rahmen durchgeführt wird. Je mehr Hunde man hat, desto weniger Liebe des Besitzers bleibt für jeden einzelnen. Und wenn der Erlös das Entscheidende ist, wird man sich keine große Mühe mit der Auswahl der Deckrüden machen und zudem versuchen, Nahrungsmittel in großen Mengen in oft minderer Qualität aufzukaufen, damit die Vermehrung lohnend bleibt.

Welpen, die diese Leute nicht loswerden, landen dann beim *Versand- oder Hundehandel*. Sie sind also mindestens einmal mehr als nötig „umgezogen" und kosten mehr, denn jetzt kommt noch jemand

28

Rauhhaar-Hündin mit ihren Welpen, 14 Tage alt

hinzu, der Geld an ihnen verdienen möchte. Erkundigungen über bisherige Futtergewohnheiten können Sie auch nicht mehr einholen, geschweige denn die Elterntiere sehen. Wenn die Welpen erst in diesem Handel gelandet sind, sind sie zum Objekt geworden. Mein Rat muß also sein: keine Teckel beim Versand- und Hundehandel kaufen!

Im Schaufenster ausgestellte Hundewelpen verschiedener Rassen sind immer eine Attraktion für die vorbeischlendernden Passanten. Aus dem spontanen Wunsch heraus, eines dieser liebenswürdigen, niedlichen Wesen zu erwerben, gehen Tausende von Welpen bereits jetzt über den Hundehandel an den „Endverbraucher". Es ist traurig, aber wahr und nicht zu ändern. Traurig deshalb, weil diese Welpen oft den Strapazen eines Transportes in Kisten und Käfigen unterworfen waren und deshalb häufig krankheitsanfällig oder sogar schon krank sind. Denken Sie nur an Regen und Zug oder an die Rüttelei in Eisenbahnwaggons und auf Lastkraftwagen.

Wenn jemand einen sehr billigen Hund haben möchte und Rassereinheit und Herkunft keine Rolle spielen, dann gibt es einen Tip: *das Tierheim*. Tiere, die man dort erwirbt, sind ausgesetzt worden, von zu

29

Hause weggelaufen oder durch Todesfälle herrenlos geworden. Selbst für rassereine Hunde wird nur in den seltensten Fällen eine Ahnentafel vorliegen. Hunde aus dem Tierheim sind, sofern sie längere Zeit dort untergebracht waren, in gutem Futter- und Pflegezustand, und sie kosten nur eine Anerkennungsgebühr. Der Käufer vollbringt mit der Übernahme eine gute Tat, denn er verschafft einer armen Kreatur wieder ein Zuhause.

Wenn Sie einen schon älteren Hund aus dem Tierheim holen, bedarf es besonderen Einfühlungsvermögens und Erfahrung, um sein Vertrauen zu gewinnen und seine Beziehung zu Menschen wieder ins rechte Lot zu rücken. Bedenken Sie auch – „was Hänschen nicht lernt, lernt Hans nimmermehr" – ein älterer oder alter Hund wird sich vom neuen Besitzer nur schwerlich formen und erziehen lassen. Andererseits findet man auch Hunde, die anhänglich sind und gehorsam ihrem Herren folgen, obwohl sie erst als älteres Tier bei ihm eine neue Heimat fanden.

Steuerliche Anmeldung

Kommen Sie vom Hundekauf überglücklich zu Ihrer Familie nach Hause, wird es sehr bald um Fragen der Aufzucht und Haltung des Junghundes gehen. Man wird dabei über der Freude, die dieser niedliche, neue Hausgenosse auslöst, und über der Aufmerksamkeit, die man ihm schenkt, nicht vergessen, daß eine steuerliche Anmeldung erforderlich ist. Gehen Sie also am besten im Laufe der nächsten Woche zum Ordnungsamt Ihrer Stadt oder zur zuständigen Amtsverwaltung, um dort den Neuerwerb des Hundes anzumelden; der Steuerbescheid wird Ihnen dann zugesandt. In Großstädten ist die Hundesteuer ein nicht unerheblicher Betrag.

Haftpflichtversicherung

Für Hunde jeder Größe und Rasse gibt es auch die Möglichkeit der Haftpflichtversicherung. Sie deckt Schäden, die der Hund Dritten, das heißt Personen außerhalb des Familienkreises, zufügt. Wenn Sie jetzt an die Hose des Briefträgers denken, wird sich die Haftpflichtprämie nicht lohnen. Aber auch Autounfälle mit erheblichen Folgen im Hinblick auf Personen- und Sachschäden wurden durch Hunde ausgelöst, und in solchen Fällen kann eine bestehende Hunde-Haftpflichtver-

Rauhaar-Zwergteckel

sicherung von besonderer Bedeutung sein. Der Besitzer eines schwer-
führigen oder möglicherweise scharfen Hundes sollte zu seiner eigenen
Sicherheit, aber auch im Interesse der Menschen, die möglicherweise
durch seinen Hund zu Schaden kommen, eine Versicherung eingehen,

deren Prämie zur Zeit zwischen 50 und 100 Mark beträgt. Hinsichtlich der Größe von Teckeln bedenke man, daß auch ein kleiner, harmlos erscheinender Hund insbesondere im Straßenverkehr Unfälle mit erheblichen Folgen verursachen kann.

Hunde-Zubehör

An Hundeartikeln sollten folgende Gegenstände im Haus vorhanden sein, wenn der Welpe eintrifft:
- *Ein einfaches Lederhalsband,* das dem Welpen und Junghund paßt. Aus diesem wird er in vier bis fünf Monaten herausgewachsen sein, dann muß ein größeres erworben werden.
- Eine etwa *2 m lange Ausführleine,* aus etwa 10 mm breitem Leder- riemen.
- Ein oben geschlossenes *Körbchen* mit *seitlicher, runder* Öffnung und Klappe.
- Eine alte *Wolldecke* als Einlage in das Körbchen.
  Das Körbchen mit der Deckeneinlage sollte als Lager des Hundes zugfrei, nicht zu warm und an einer Stelle stehen, wo auch der im Lager ruhende Teckel Kontakt mit der Familie behält.
- Ein *Freßnapf,* der nicht zu leicht ist, damit der Teckel ihn nicht im ganzen Haus herumschiebt.
- Ein *Trinknapf,* in seiner Ausführung ebenfalls nicht zu leicht. Preis- günstig sind solche aus Plastik. Am besten bewährt haben sich Näpfe aus Steingut, obwohl sie etwas schwieriger zu reinigen sind. Nützlich sind feststellbare Gestelle, in die Futter- und Wassernapf eingehängt werden.
Später, wenn der Hund erwachsen ist, kommen noch folgende Artikel hinzu, die wie die Grundausstattung im zoologischen Fachhandel erworben werden können:
- Ein Halbwürgehalsband. Die Bezeichnung klingt fürchterlich, aber hinter ihr verbirgt sich ein Halsband aus Leder, das sich so weit zuziehen kann, daß es am Hundehals anliegt, ohne zu schnüren und damit ein Über-den-Kopf-Gleiten unmöglich macht. Ähnliche Halb- würgehalsbänder gibt es auch aus einer flachen, etwa 2 cm breiten, leichten, verchromten Kette (s. Abb. S. 34).
- Ein Stahlkamm.
- Eine harte Borstenbürste.
- Ein Trimmesser für Rauhhaarteckel.

Erziehung

Stubenreinheit

Die Erziehung des Teckels zur Stubenreinheit ist sehr einfach, wenn man einige Grundregeln einhält: Sofort nach dem Aufwachen und Fressen muß der Hund nach draußen gebracht und möglichst immer an die gleiche Stelle geführt werden, an der bereits der Geruch seiner letzten Geschäfte haftet.

Macht der Junghund einen „See" im Zimmer, so sollte man diesen mit einem feuchten Tuch aufwischen und das Tuch ebenfalls an die Stelle im Garten legen, an der er in Zukunft seine Geschäfte zu verrichten hat.

Der Teckelwelpe begreift rasch und wird sehr schnell stubenrein sein. Passiert es dennoch einmal, daß er den Fußboden beschmutzt, obwohl man die Grundregel beachtet hat, so ist es grundfalsch, ihn mit der Nase in den Schmutz hineinzustupsen. Richtig ist es, ihm den Kot zu zeigen und dabei das Wort „Pfui" zwei- oder dreimal energisch zu

„Cosy vom Roß-bühl" verteidigt den kapitalen Rehbock

33

Kurzhaar: Gebrauchssieger und Bundessieger „Dunja von Schlendrian" (hier mit „halbwürgendem Kettenhalsband")

wiederholen, um ihn dann hinauszutragen. Immer, wenn er sich stubenrein gezeigt hat, also seine kleine Blase an der richtigen Stelle im Garten entleert hat, muß er ausgiebig gelobt werden. Das Wechseln Ihrer Stimme zwischen dem energischen Klang „Pfui" und dem Loben genügt, dem Teckel den rechten Weg zu weisen. Er will lernen und gefallen und macht nicht ins Zimmer, um seinen Besitzer zu ärgern, sondern nur, weil er noch nicht begriffen hat, wo der richtige Ort dafür ist. Vielleicht haben auch Sie – das ist sehr oft der Fall – dem Welpen nicht häufig genug die Möglichkeit gegeben, draußen die bewußte Stelle aufzusuchen. Ist der Welpe auch drei bis vier Wochen nach dem Kauf, von entschuldbaren Ausnahmen einmal abgesehen, noch nicht stubenrein, so sollte, wenn das Malheur geschehen ist, das energische Wort „Pfui" mit einem kleinen Klaps verbunden werden, um dem tadelnden Wort mehr Nachdruck zu verleihen.

Während dieser Erziehungsphase ist es einfach, den Hund an seinen Namen zu gewöhnen. Dieser sollte häufig und nur in Verbindung mit Lob gebracht werden. Je öfter Sie seinen Namen beim Loben nach der

Erledigung der Geschäfte an der richtigen Stelle gebraucht haben, desto schneller wird er auf seinen Namen reagieren. Das wiederum ist erforderlich, wenn er später auf Ruf kommen soll.

Ich erwähnte, daß das erste Körbchen verschließbar sein soll. Das hat seinen Grund in der Erziehung zur Stubenreinheit. Abends, bevor das letzte Familienmitglied ins Schlafzimmer geht, sollte der Hund noch einmal in den Garten geführt werden, bis er sich gelöst hat, und anschließend für die Nacht im verschlossenen Körbchen untergebracht werden. Dieses wird er nur ungern und in höchster Not beschmutzen und so bis zum nächsten Morgen durchhalten. Wichtig ist aber, daß der Welpe am nächsten Morgen so früh wie möglich wieder an sein Plätzchen im Freien geführt wird. Es wäre falsch, hiermit bis nach dem Frühstück zu warten. Denken Sie daran, daß auch Ihre kleinen Kinder nur für eine sehr begrenzte Zeit die Windel sauber lassen können. Ähnlich geht es dem Welpen. Er muß um ein Vielfaches häufiger seine Geschäfte erledigen als der ausgewachsene Dackel.

Annagen von Gegenständen

Im Alter von vier bis sieben Monaten wechselt der Teckel sein Milchgebiß. In dieser Zeit hat er das besondere Bedürfnis, auf härteren Gegenständen zu kauen, als wolle er etwas für ihn Unverdauliches an- oder gar auffressen. In Wirklichkeit schmerzen sein Gaumen und sein Zahnfleisch – und nur daher nagt er zum Beispiel an den Kanten seines Körbchens. Hier liegt keine schlechte Gewohnheit vor und, von ganz seltenen Fällen abgesehen, auch keine Veranlagung zum Anfressen. Wenn bei Säuglingen die ersten Zähne durchkommen, geben ihnen die Mütter Beißringe, und man kann bereits bei den kleinsten Babys in der Wiege feststellen, mit welcher Befriedigung sie an diesen Ringen herumnagen. Genauso geht es dem Teckel. Man sollte das Bedürfnis dadurch befriedigen, daß man ihm geeignete Gegenstände zur Verfügung stellt. Da gibt es im zoologischen Fachhandel sogenannte Kauknochen aus aufgedrehter Haut. Diese eignen sich vorzüglich zum Befriedigen des Nagebedürfnisses und halten sehr lange Zeit vor. Auch ein großer Kalbsknochen wird von den Teckeln gern angenommen. Hiermit kann er sich viele Stunden am Tage beschäftigen, und es wird für seine Zahnentwicklung nützlich sein. Wenn man gerade nichts Besseres zur Hand hat – ein hartes Stück Brot tut es auch. Denn es geht ja nicht ums Fressen, sondern eben nur um das Kauen. Ich habe aber

immer wieder festgestellt, daß trotz Vorhandenseins eines Kaukno-
chens die Ränder des Körbchens ebenfalls benagt werden. Stellen Sie
sich also darauf ein, daß Sie Ihrem kleinen Freund nach Abschluß des
Zahnwechsels noch einmal ein Körbchen kaufen müssen, wenn Sie
Wert darauf legen, daß der Korb für den erwachsenen Hund schön
aussieht. Es ist unmöglich und wäre auch falsch, dem Hund in dieser
Zeit das Annagen von Gegenständen abgewöhnen zu wollen. Es
gehört zu seiner Entwicklung, und wir haben nur dafür zu sorgen, daß
er keine ungeeigneten oder für ihn gefährlichen Dinge dabei aufnimmt.
Auf keinen Fall sollte als Einlage im Körbchen ein Schaumstoffkissen
verwendet werden. Ich empfahl ganz bewußt eine alte Decke, denn
wenn der Junghund diese anfrißt, besteht keine Gefahr für ihn. Nimmt
er jedoch größere Mengen Schaumstoff auf, so kann es durchaus
gefährlich für ihn werden und sogar zum Tode führen.

Langeweile

Neben dem Zahnwechsel gibt es noch eine andere Ursache, die dafür
verantwortlich ist, daß selbst der erwachsene Hund Gegenstände durch
Anfressen unansehnlich macht oder zerstört. Er hat ganz einfach
Langeweile und sucht nun eine Ausgleichsbeschäftigung. Ich kann es
ganz deutlich bei meinen Hunden beobachten. Sind wir im Herbst und
Winter viel im Revier, so schlafen sie zu Hause viel und sind ausgegli-
chen. In den Jahreszeiten, in denen die Hunde weniger jagdliche
Betätigung haben und ich aus beruflichen Gründen nicht in der Lage
bin, ihnen ausreichend Bewegung zu verschaffen, zeigen sie das, was
auf den ersten Blick wie eine Unart aussieht, in Wirklichkeit aber ganz
einfach eine Ersatzbetätigung darstellt.

Nur in ganz seltenen Fällen hat das Nagen an den verschiedensten
Gegenständen bei Teckeln einen anderen Grund. Es kann dann Ausdruck von Nervosität oder Unsicherheit sein. So kenne ich große
Jagdhunde, die bei Gewitter ihre Hütte und ihren Zwinger demolieren.
Ich habe auch einmal beobachtet, wie ein Schäferhund in der Silvester-
nacht – verursacht durch die Knallerei um ihn herum – verängstigt in
seinem Zwinger auf und ab lief und dabei versuchte, die Maschen der
Umzäunung zu zerreißen. Viele Hunde haben Angst bei diesem Feuer-
werk zum Jahreswechsel, aber es kann sich auch um eine Verhaltens-
störung handeln, die auf einen im Wesen nicht intakten Hund schließen läßt.

Eine umschmeichelte Langhaar-Dame

Hundespielzeug

In den Fachgeschäften der Großstädte kann man Unmengen von Spielzeug für Hunde kaufen. Da gibt es Vollgummikugeln und -bälle, Püppchen und Teddybären, Mäuse, Kaninchen und viele andere Dinge. Nahezu alle diese Gegenstände sind aus menschlicher Sicht produziert worden und sollen die Hundebesitzer zum Kauf verführen. Eine Maus erkennt der Hund aber am Geruch und an der Bewegung, und eine Plastikmaus ist für ihn daher keine Maus, sondern nur ein unförmiges Stück Kunststoff. Sinngemäß das gleiche gilt für die Puppe oder den Teddybären. Der Teckelbesitzer darf sich also nicht wundern, wenn sein Junghund auch dann kein sonderliches Interesse an der Puppe zeigt, wenn sie wunderschöne Augen hat, oder der Bär brummt, wenn man ihm auf den Bauch drückt oder der Hund ihn zufällig im Körperbereich packt. Wer seinem Teckel Gegenstände dieser Art kauft, zeigt damit Liebe zum Hund, andererseits aber auch, daß er seinen Vierbeiner zu sehr vermenschlicht und sich nicht in die Psyche des Hundes eindenken kann. Plastik- und Gummispielzeug ist außer-

37

dem immer dann gefährlich, wenn der Hund Teile davon abbeißen und verschlucken kann. Anders ist es mit den bereits erwähnten Hartgummikugeln. Sie sind ein wirkliches Spielzeug für den Teckel und machen sich in doppelter Hinsicht nützlich. Einmal kann der Hund hineinbeißen, und so erfüllt die Kugel einen ähnlichen Zweck wie die Kauknochen. Zum anderen rollt die Kugel davon, wenn der Hund sich mit ihr beschäftigt, und er kann hinterherspringen und so wie Kinder mit dem Fußball seine überschüssigen Kräfte auslassen. Auch ein armstarkes Aststück kann nützliches Spielzeug sein, mit dem sich das Tier lange Zeit beschäftigt.

Wenn Ihr Teckel sich ein Spielzeug selbst gesucht hat, also mit einem Gegenstand aus dem Garten erscheint, der sein besonderes Interesse geweckt hat, so kontrollieren Sie diesen nur auf seine Eignung. Wenn von diesem Gegenstand keine Gefahr ausgehen kann, nehmen Sie ihn nicht weg. Steine allerdings, auch wenn diese wunderbar rund sind, kann ich nicht als geeignetes Spielzeug ansehen, weil ihnen die Zähne des Hundes nicht gewachsen sind. Man beobachtet auch immer wieder, daß mit Hunden gespielt und getobt wird, indem man Steine fortwirft, die das Tier dann zurückbringen soll. Der Hund macht hier gern mit, weil er die Beschäftigung und das Zusammensein mit seinem Besitzer liebt. Man kann diese Spielereien also gut vornehmen und bereitet damit dem Tier Freude, aber auf keinen Fall mit einem Stein. Ein Ast eignet sich viel besser und auch die schon beschriebene Hartgummikugel.

Gehorsam

Eines dazu vorweg: Es gibt nichts, was Sie anderen Rassen beibringen, aber dem Teckel nicht anerziehen können. Ihm eilt zwar ein schlechter Ruf voraus, und er hat mehr Selbstbewußtsein als viele andere Hunde und liebt daher Unterordnung nicht sonderlich, aber ohne sie ist eine Erziehung unmöglich. Sie müssen Verständnis für ihn haben, weil er in früheren Zeiten nahezu ausschließlich dazu gezüchtet wurde, auf sich selbst gestellt am Raubwild zu arbeiten. Jedem wird klar sein, daß hierfür Mut und ein großes Maß an Selbstsicherheit erforderlich sind. Was in dieser Hinsicht jahrelang in den Teckel hineingezüchtet worden ist, kann man nicht von einem Tag auf den anderen auslöschen, und es wäre auch schade darum. Aber, ich wiederhole es, mit entsprechender Konsequenz und dem erforderlichen Einfühlungsvermögen kann der

38

Der Teckel als Helfer des Jägers

Teckel mehr lernen und ist besser erziehbar als viele andere Rassen. Patentrezepte gibt es allerdings nicht, aber eine unumgängliche Voraussetzung: In der Gemeinschaft Hundeführer – Hund gibt es keine Gleichberechtigung, sondern einen Meuteführer, das sind Sie, und einen, der in der Meute den zweiten Rang einnimmt, das ist der Hund. Die richtige Verteilung der Rangordnungen ist das A und O jeder Erziehung. Sie ist für den Hund völlig selbstverständlich, denn er folgt damit dem Erbe seiner Stammväter, im Rudel zu leben, und hier gibt es eine strenge Hierarchie.

Das Rudel sind nun Sie und Ihre Familie, und der Hund ein Teil dessen. Wenn der Teckel weiß, daß Sie der Meuteführer sind, wird er Sie respektieren, sich unterordnen, Ihre Anweisungen, soweit er sie verstanden hat, befolgen und während des ganzen Tages darauf bedacht sein, Ihnen zu gefallen. Hier liegt der Kern aller Erziehung: Der Ranghöchste im Rudel läßt es sich nicht gefallen, von anderen erzogen zu werden. Vielmehr erzieht er und ist damit aktiver Teil, während die Untergeordneten parieren müssen. Diese Rangordnung ergibt sich im Rudel durch den Einsatz der Stärke, verbunden mit dem Imponieren durch Größe und dem Respekt, den das Alter ohnehin gebietet.

39

Wenn Sie einen Teckel erworben haben, sind Sie automatisch der Rudelführer. Sie geben dem Hund das Futter, Sie sagen ihm „Pfui", wenn es erforderlich ist, und strafen ihn. Sie sind es aber auch, der lobt und streichelt, der den Hund an seine Nähe gewöhnt und der mit ihm ausgeht. Sie sind der Große und der Ältere. All diese Vorgaben, die Sie damit haben, sollten Sie zu nutzen wissen. Dann kann bei der Erziehung nicht mehr viel schiefgehen. Wenn Sie nun noch eine ruhige, besonnene Person sind, die Geduld hat und nicht meint, unbeherrscht und mit Brutalität den Ärger am Teckel auslassen zu müssen, den Sie im Beruf nicht loswerden konnten, dann bin ich sicher, daß Sie auch in der Lage sein werden, Ihren Teckel richtig zu führen. Erziehung heißt doch im Grunde nichts anderes, als den vierbeinigen Hausgenossen so zu formen, daß er sich ohne zu stören dem Familienkreis und damit seinem Rudel einfügt.

Gehen wir einmal Punkt für Punkt durch, was der Teckel in jedem Haushalt lernen muß:

Gewöhnung an das Lager

Zuerst muß er sich an den Platz gewöhnen, der ihm als Lager und Ruhestatt dient. Hier meine ich den Raum, in dem sein Körbchen steht und in dem er zu Hause ist. Mit dem energischen Befehl: „Zum Körbchen" oder einer ähnlichen Formulierung muß er immer wieder zu diesem Platz zurückgebracht werden, wenn er sich irgendwo aufhält, wo er nicht sein soll. Man denke daran, möglichst das gleiche Kommando wiederzuverwenden, denn der Hund versteht nicht das Wort im menschlichen Sinn, sondern deutet lediglich den Klang. Bereits aus diesem muß hervorgehen, ob es sich um einen Befehl, eine Strafe oder um ein Lob handelt. Befindet sich der Hund zum Beispiel im Wohnzimmer, und soll er auf seinen Platz in der Diele gehen, so sagen Sie „Zum Körbchen", und das in energischem Tonfall, und führen den Hund an der Leine oder am Halsband dorthin. Natürlich wird er gleich zurückkommen, denn noch weiß er ja nicht, was dieser Befehl für ihn bedeutet. Sie müssen dann mit einer gewissen Hartnäkkigkeit und Konsequenz das Gesagte wiederholen und ihn wieder zu seinem Platz bringen. Ganz nach Ihrem Fingerspitzengefühl und Einfühlungsvermögen, aber auch nach der Lernfähigkeit des Hundes wird dieser erste erzieherische Schritt schneller oder langsamer zum Erfolg führen. Falsch wäre es, beim dritten oder vierten Male zu resignieren

Wer spielt mit mir?

und nun den Hund entgegen Ihrer eigentlichen Absicht gewähren zu lassen. Bequemlichkeit dieser Art verhindert eine Erziehung.

Kommt der Hund zurück, obwohl Sie sicher sind, daß er den Hinweis „Zum Körbchen!" versteht, ist es gerechtfertigt, ihm zusammen mit einem erneuten Befehl auch einen kleinen Klaps auf die Keulen zu geben. Dieser kleine Klaps verdeutlicht dem Hund, daß hier eine Forderung des Rudelführers auszuführen ist.

Jeder Teckel liebt es, weich und erhöht zu sitzen. Da hat er einen besseren Überblick und ein angenehm warmes Lager. Es ist also ganz natürlich, wenn er sehr bald versucht, einen Sessel oder die Couch zu erobern oder Ihr Bett für sich in Anspruch nimmt. In diesem Verhalten können Sie ein Kompliment erkennen. Der Teckel braucht Ihre Nähe, und da er ein Nasentier ist, wird er sich dort am wohlsten fühlen, wo er am intensivsten den Geruch seines Herrn wahrnimmt. Für Sie kommt es nun darauf an, sich zu entscheiden. Wollen Sie ihm einen bestimmten Platz auf dem Sessel zubilligen, so lassen Sie ihn dort sitzen und haben die Möglichkeit, den Sessel durch eine aufgelegte Decke zu schützen. Rollt sich der Teckel jedoch an Plätzen zu einem Schläfchen zusammen, an denen Sie ihn nicht dulden wollen oder können, dann gibt es nur eine Möglichkeit, nämlich sofort dagegen Einspruch zu

41

erheben. Es wäre ein Unding, ihm diesen Sessel erst einmal wochenlang als seinen Platz zur Verfügung zu stellen, um plötzlich dagegen einzuschreiten.

Wenn der schmutzige Teckel den hellsten Plüschsessel für sich in Anspruch nimmt, muß von Ihnen der Befehl kommen: „Runter!" Dann nehmen Sie ihn vorsichtig an der Halsung herunter und lassen ihn wieder los. Vorausgesetzt, daß er Ihren Befehl „Zum Körbchen" schon kennt, kommt anschließend mit einer kurzen Pause dieser Befehl. Sowie er ihn befolgt und dort angekommen ist, wo Sie ihn hindirigieren wollen, loben Sie ihn überschwenglich. Vergessen Sie dabei nicht, ich sagte es bereits, den Namen des Hundes zu nennen. Auch lobende Formulierungen sollten sich auf wenige Worte beschränken, jedoch in weichem Ton, meist in Verbindung mit Streicheln. Auch hier muß Ihre Erziehung mit einer gewissen Konsequenz erfolgen, die ganze Sache muß sich wiederholen, wenn der Teckel in fünf Minuten wieder auf dem Sessel liegt. Sie dürfen dabei nicht die Nerven verlieren, aber auch nicht nachgeben und denken: „Na, dann laß ihn!" Damit diese Situation nie eintreten kann, schlug ich Ihnen vor, zu Anfang ein Körbchen mit Klappe zu kaufen. Wenn Sie sich nicht mit Ihrem Junghund beschäftigen können oder wollen, bleibt Ihnen immer noch die Möglichkeit, das Tier kurzfristig an seinem gewohnten Platz einzusperren.

Gewöhnung an Futterzeiten

Ganz wesentlich ist auch die Gewöhnung an bestimmte Futterzeiten und an den Freßplatz. Versuchen Sie, die Mahlzeiten einzuhalten, und lassen Sie den Freßnapf dort stehen, wo auch verkleckerte Futterreste leicht entfernt werden können. Der Steinfußboden in der Küche wird sich hier in den meisten Fällen am besten eignen, wenn Sie nur einen oder zwei Hunde, nicht aber eine ganze Meute besitzen.

Meine Frau ruft unsere Teckel mit dem Wort „Essen!", und weil jeder gesunde Hund Appetit hat, wird er ganz schnell die Bedeutung dieses Wortes verstehen und in die Küche flitzen. In einem der nachfolgenden Kapitel wird über die richtige Ernährung gesprochen.

Frisches Wasser soll der Hund zu jeder Zeit vorfinden. Bei jungen Hunden allerdings mit der Einschränkung, daß man sie am Abend nicht so viel trinken läßt, weil es dann besonders schwer für sie wird, die Nacht durchzuhalten. Auch die letzte Mahlzeit des Hundes sollte nicht zu spät am Abend gegeben werden. Bedenken Sie, daß ihm Gelegenheit gegeben sein muß, sich nach der Mahlzeit noch einmal zu lösen.

Betteln

Außerhalb der Mahlzeiten darf der Hund keine Nahrung bekommen. Sie erzögen ihn sonst zum Betteln, und was anfänglich gut gemeint ist, kann anschließend zu einer Belästigung für Sie werden. Auch bei Ihren Mahlzeiten sollte der Hund nicht mit kleinen Häppchen gefüttert werden. Das ist zwar lieb gemeint, aber ganz eindeutig falsch. Bei Ihren Kindern und bei etwaigen Gästen sollten Sie auch darauf achten, daß diese den Hund nicht verwöhnen, verziehen und Ihre Erziehung durchkreuzen, indem sie dem Teckel bei Tisch heimlich leckere Brokken zuschieben. Ich gehe noch einen Schritt weiter und meine, daß Hunde, gleich welcher Rasse, während der Mählzeiten der Familie überhaupt nicht im Eßzimmer anwesend sein sollen. Schon der Geruch des Essens läßt ihnen das Wasser im Munde zusammenlaufen oder richtiger ausgedrückt: den Geifer im Fang. Ich finde es unfair, wenn der Teckel trotz verlockender Gerüche zuschauen muß.

Kommen auf Ruf oder Pfiff

Viel Ärger erspart man sich beim Teckel, wenn man ihn daran gewöhnt, auf Pfiff oder Ruf zu kommen. Von großem Vorteil ist es, wenn man ihn bereits fest an seinen Namen gewöhnt hat und er mit dem Namen nur Positives verbindet. Dann braucht man ihn nicht mit „Komm!" zu rufen, sondern kann es mit seinem Namen tun. Vorausgesetzt, daß der Name gut klingt und nicht zu lang ist. Ich schlage vor, hier sogar mit kleinen Belohnungen zu arbeiten, das heißt, ihm bei den ersten Spaziergängen einen leckeren, kleinen Happen anzubieten, wenn er auf seinen Namen hin gekommen ist.

Bei den Züchtern ist es so üblich, daß die Namen in alphabetischer Reihenfolge fortgeführt werden, so daß der erste Wurf eines Züchters mit A beginnt, der zweite mit B und so fortlaufend. Da die Züchter auch das X, Y und so weiter nicht auslassen, steht in der Ahnentafel mitunter ein nahezu unaussprechlicher Name, der als Rufname nicht geeignet ist. An diesen offiziellen Namen des Hundes, an den, vergleichbar mit dem Familiennamen der Menschen, auch noch der

43

Zwingername angehängt ist, brauchen Sie sich nicht zu halten. Gefällt Ihnen der Name nicht, können Sie sich einen neuen aussuchen, aber beachten Sie dabei, daß er „rufbar" und weit hörbar ist.

Wenn der Hund Ihrem Ruf folgt, sollten Sie ihn streicheln und loben. Selbst dann, wenn Sie ziemlich lange auf ihn warten mußten. Falls Sie nämlich den Hund bestrafen, wenn er nicht gleich auf den Ruf reagiert, aber schließlich doch kommt, würde der Teckel die Strafe mit dem Kommen verbinden und nicht mit dem Wegbleiben und dadurch beim nächsten Mal noch später kommen.

Ist es Ihnen unangenehm, Ihren kleinen Begleiter mit seinen Namen zu rufen, dann gibt es zwei weitere Möglichkeiten: Entweder Sie pfeifen mit dem Mund oder Sie besorgen sich eine Hundepfeife. Gegen die Hundepfeife ist an sich nichts einzuwenden, nur hat sie den Nachteil, verlorengehen zu können. Besorgen Sie sich eine neue, wird deren Klang ganz anders sein, und der Hund kümmert sich nicht mehr um Ihren Pfiff. Das kann ihm nicht übelgenommen werden, denn woher soll er wissen, daß Sie Ihre Pfeife verbummelt haben und nun mit anderem Klang das gleiche meinen, nämlich „Komm!"

Gewichtige Gründe gibt es aber auch gegen den Pfiff mit dem Mund, denn gehen mehrere Familienmitglieder mit dem Hund spazieren, so müßte sich der Teckel auch an den Klang mehrerer Pfiffe gewöhnen. Es ist nicht einmal sicher, ob alle Familienangehörigen überhaupt pfeifen können. Mein Rat dazu: Rufen Sie ihn mit dem Namen! Wenn Sie mit Ihrem Hund spazierengehen, wird er auf den Ruf sehr bald kommen, sofern nichts für ihn Interessantes für Nase, Ohren oder Augen in der Nähe wahrnehmbar ist. Rufen Sie ihn dann ruhig mal etwas energischer, und wenn er zum Beispiel einen anderen Hund oder einen Gegenstand beschnuppert, sagen Sie erst das Wort „Pfui" und dann mit einer kurzen Pause dazwischen seinen Namen. Wenn er auch dann nicht kommt, vermeiden Sie es, ihn zu holen. Das kann für den Dackel schnell zur Gewohnheit werden. Er sagt sich dann: „Wenn mein Herrchen oder mein Frauchen etwas von mir will, dann werden sie schon kommen."

Gerade bei einem jungen Hund, der noch etwas unsicher ist, wirkt es Wunder, wenn man nach einem erfolglosen Pfiff weggeht. Er fühlt sich dann plötzlich alleingelassen und wird hinterherkommen. Ist er bei Ihnen, so vergessen Sie auch diesmal nicht, ihn zu loben, zu streicheln und seinen Namen dabei zu nennen, auch wenn Sie eigentlich Grund zur Verärgerung haben.

Ein Langhaarteckel in roter Färbung (vergleiche Abb. S. 47)

Wenn meine Teckel auf Ruf oder Pfiff nicht kommen, wende ich einen anderen Trick an, insbesondere bei älteren Hunden. Ich habe ihnen anerzogen, sich ablegen zu lassen. Sie müssen also auf Kommando an einem bestimmten Platz sitzen bleiben, während ich weitergehe, um sie dann aus größerer Entfernung zu rufen. Das hilft mir bei dem Appell grundsätzlich sehr gut weiter. Reagiert der Teckel nicht auf Ruf, wenn wir spazierengehen, so lasse ich ihn sofort ablegen und entferne mich. Nun bedeutet der Ruf plötzlich nicht mehr „Du mußt kommen", sondern „Du darfst kommen". Der Hund hat Angst, alleingelassen zu werden, insbesondere, wenn ich schon hinter dem nächsten Berg verschwunden bin. Der Ruf erhält also für den Teckel eine völlig andere Bedeutung.

„Platz" – „Sitz" – „Ablegen"

Es ist ideal, wenn sich der Teckel an jedem beliebigen Platz in der Stadt oder im Revier ablegen läßt. Sie haben damit die Möglichkeit, Ihren Hund vor der Eingangstür des Geschäftes zu lassen, wenn Sie Einkäufe erledigen wollen, und der Jäger kann auch einmal ohne seinen Hund weiterpirschen, wenn es die Situation erfordert. Die Erziehung zum Ablegen ist viel einfacher, als Sie denken. Man kann bereits im Alter von etwa einem halben Jahr in der Wohnung üben. Sie tragen den Hund dazu auf einen freien Platz des Raumes, in dem Sie sich selbst aufhalten, sagen das Kommando „Sitz" und drücken den Hund vorsichtig mit der Hinterhand auf den Boden. Dann sprechen Sie, direkt neben dem Hund hockend, noch ein bißchen beruhigend auf ihn ein und wiederholen den Befehl: „Sitz!" Anschließend gehen Sie zum Sessel und werden erleben, daß der Hund Ihnen folgt. Also wird das Ganze wiederholt. Wieder tragen Sie den Hund an den gleichen Platz, an dem Sie es schon vorher versucht haben, sagen „Sitz", drücken ihn etwas energischer mit der Hinterhand auf den Teppich und gehen die wenigen Schritte zum Sessel. Auch jetzt wird Ihr Hund sehr bald folgen, und es bleibt ihnen gar nichts anderes übrig, als es noch einmal zu versuchen. Das Wort „Sitz" muß nun noch energischer ausgesprochen werden, der Hund wird nicht mehr vorsichtig mit der Hinterhand niedergedrückt, sondern erhält einen Klaps auf die Hinterhand, und er darf nun beim dritten Versuch ruhig spüren, daß Sie ein wenig verärgert sind. Denken Sie dabei auf jeden Fall daran, den Hund von Anfang an immer genau an derselben Stelle abzulegen. Erst, wenn er begriffen hat, was er soll, können Sie es auch in einem anderen Raum, dann später im Garten oder ganz im Freien ausprobieren. Spätestens beim zehnten Versuch weiß Ihr Hund, was er soll, und wenn Sie diese Übung gelegentlich wiederholen, wird er sie im Gedächtnis behalten.

Die Wiederholung lohnt sich in vielerlei Hinsicht. Erstens aus den bereits geschilderten praktischen Gründen, zweitens, weil es eine sehr gute Unterordnungsübung ist und hierdurch dem Hund von Zeit zu Zeit klar gezeigt werden kann, wer der Herr im Hause ist. Das macht sich auch bei anderen Gelegenheiten positiv bemerkbar.

Geduld erfordert auch diese Lektion, und ehe Sie sich von Ihrem Teckel hundert oder mehr Meter weit entfernen können, ohne Angst haben zu müssen, daß er hinter Ihnen hersaust, vergeht ein Weilchen. Lernen kann es aber jeder Teckel, und es wird auf Prüfungen im Zusammenhang mit den sogenannten Appellfächern verlangt. Eine wesentliche Erleichterung für Ihren Teckel ist es, ihn auf Ihrem Rucksack, neben dem Hut oder an einem anderen, von Ihnen benutzten Gegenstand ablegen. Er muß sich dann nicht mehr so allein fühlen und hat gleichzeitig eine Bewacherfunktion. Auch später, wenn Sie

Herrchen hat gerufen!
Schwarz-roter Langhaar

diesem Appell zum festen Repertoire Ihres Teckels zählen können, wird er den Versuch unternehmen, Ihnen dennoch zu folgen. Wenn Sie das rechtzeitig bemerken und sehen, wie er auf Sie zurennt, rufen Sie ihm sofort ein lautes „Pfui" entgegen. Dann tragen Sie ihn zu dem Punkt, wo Sie ihn abgelegt haben, geben ihm einen energischen, aber nicht zu harten Klaps in Verbindung mit dem erneuten Kommando: „Sitz!" Wenige strenge Worte genügen bei der Korrektur. Hüten Sie sich davor, wütend zu werden. Mit Wutanfällen und unbeherrschtem, brutalem Drauflosschlagen kommen Sie keinen Schritt weiter, sondern verderben den Teckel.

Ruhe halten

Auf die Dauer wird ein Teckel den häuslichen Frieden nur dann nicht stören, wenn er selbst ruhig ist. Das zuvor beschriebene Ablegen, im Haus angewandt, zwingt das Tier zur Ruhe und ist daher von unschätzbarem Wert. Nur dürfen Sie nicht verlangen, daß sich ein Teckel immer ruhig verhält. Nach Ruhepausen muß er die Möglichkeit erhalten, auch einmal ausgelassen zu toben, und Sie müssen Verständnis dafür haben, daß ein junger Hund mehr Unruhe zeigt als ein alter.

47

Mutter und Sohn

Zwar spielt hier die Veranlagung eine große Rolle, und manch von Natur aus quirliger Hund wird in den ersten ein, zwei Jahren seines Lebens nur schwer zu bändigen sein. Aber auch er wird ruhiger, wenn man ihm viel Gelegenheit zum Toben verschafft.

Ruhe ist das Ergebnis der Gewöhnung an sein Lager, der Gewöhnung an seine Futterzeiten und die Folge eines guten Appells beim Ablegen.

Auch ein kleiner Teckel wird sich bald als Bewacher des Hauses fühlen und durch lautes Bellen den Besuch fremder Menschen auf dem Grundstück oder im Haus kundtun. Dieses Bellen bei der Ankunft von Fremden sollten Sie Ihrem Dackel nicht abzugewöhnen versuchen. Ihre Erziehung muß erst dann einsetzen, wenn aus dem Anschlagen, möglicherweise sogar heftigen Anschlagen des Hundes ein nicht endenwollendes Knurren oder Bellen wird, nachdem der Gast längst im Zimmer Platz genommen hat und ein Gespräch mit Ihnen führt.

Dann hat das Tier still zu sein. Der einfachste Weg ist der, „Aus!" zu befehlen und dieses, wenn es erfolglos bleibt, noch einmal, zweimal energisch zu wiederholen. Gibt der Teckel auch dann keine Ruhe, so muß er zum Körbchen verwiesen und in dieses abgelegt werden. Nun dürfen Sie die Klappe des Körbchens jedoch nicht schließen, denn das würde ihn geradezu reizen, weiterzubellen. Er würde sich benehmen wie ein an die Kette gelegter Hund. Bekanntlich bellen auch sie viel energischer, solange sie fest sind und sind frei meist friedlich. Achten Sie aber bei der Erziehung darauf, daß wildfremde Menschen keine Gelegenheit haben, mit dem Hund zu spielen oder gar zu schmusen. Eine gewisse Portion Skepsis allen fremden Menschen gegenüber sollte Ihrem Teckel erhalten bleiben, und es wäre schade, verlöre er sie durch falsche Erziehung. Ich spreche hier von einem erwachsenen Hund; daß ein Junghund mit wedelndem Schwanz zu fremden Menschen geht und sich von ihnen streicheln läßt, ist natürlich und wird sich nicht vermeiden lassen. Aber dieses Verhalten ändert sich von allein. Mit zunehmendem Alter wird seine Sympathie zu fremden Menschen einer mehr zurückhaltenden Einstellung weichen.

Rauhhaar: Internationaler Schönheitschampion und Gebrauchssieger „Horch vom Reitzenstein"

49

Umgang mit Kindern

Es gibt Hunderassen, denen wirft man Falschheit und Kinderunfreundlichkeit vor. Das läßt sich vom Teckel ganz sicher nicht sagen. Er ist ungewöhnlich kinderfreundlich, und je hilfloser und kleiner die Kinder, desto ruhiger und freundlicher ist der Teckel zu ihnen. Insbesondere, wenn Ihr Teckel bereits Kinder und den Umgang mit ihnen kennt, ist es kein großes Risiko, wenn auch einmal Kinder mit ihm spielen, die er zwar kennt, die aber nicht zur Familie gehören. Ihnen gegenüber wird er nicht argwöhnisch sein, es sei denn, er hat bereits entsprechende schlechte Erfahrungen gemacht.

Hunde werden häufig durch die Zwingermaschen oder die Einfriedung des Grundstücks hindurch geärgert. Wenn Halbwüchsige auf diese Art immer wieder den kleinen Teckel rasend machen, darf sich niemand wundern, wenn er später Kinder zwickt, weil er sie alle über einen Kamm schert.

Ein fremdes Kind sollte unseren Teckel nicht unangeleint ausführen. Besser ist eine gewisse Gewöhnung der beiden aneinander. Aber wenn diese erst erfolgt ist, sind beide ein nettes Gespann. Teckel in jungem Alter lieben es, mit Kindern zusammen zu spielen und zu tollen. Ich habe es schon beobachtet, daß sie den Kindern den Ball stahlen und sich diebisch freuten, wenn die Kinderschar versuchte, den Dieb einzufangen, um ihm den Ball wieder abzunehmen. Seinen eigenen Kindern darf man nie die Möglichkeit nehmen, mit dem Familienteckel herumzutollen.

Ist es doch für beide ein besonderes Glück, gemeinsam toben zu können. Schonung bedarf der Teckel hier nicht, er wird noch munter sein, wenn die Kinder längst vom Spielen und Tollen ermattet sind. Merkt man aber, daß der Teckel keinen Spaß mehr daran findet, und das bringt er sehr deutlich zum Ausdruck, sollte man ihn in Ruhe lassen.

Spazierengehen

Geht man mit einem Welpen oder Junghund spazieren, so sollte man ihn an eine mindestens 2 m lange Leine nehmen, damit er Bewegungsfreiheit hat und sich ganz allmählich und nahezu unmerklich an das Ander-Leine-gehen gewöhnt. Bei den ersten Versuchen in dieser Richtung darf der Teckel gar nicht merken, daß er geführt wird, und es

Konzentriert

kann ruhig den Anschein haben, als würde der kleine Hund seinen Herren führen. Nahezu unmerklich für den Hund kommt dann der Übergang vom An-der-Leine-Spazierengehen zum angeleinten Bei-Fuß-Laufen. Dazu wird die Leine je nach Art so verkürzt, daß dem Hund nur die Möglichkeit bleibt, links seitlich neben dem Führer zu laufen.

Daß er zurückbleibt, ist sehr unwahrscheinlich, viel häufiger wird der Hund an der Leine ziehen und versuchen, vorzupreschen. In diesem Falle erfolgt das Kommando: „Bei Fuß". Der Hund wird mit der linken Hand durch die Leine wieder dorthin zurückgezogen, wo er eigentlich gehen muß. Dieses muß viele Male wiederholt werden, bis der Teckel endlich weiß, was das Kommando: „Bei Fuß!", energisch gesprochen, bedeutet. In der Stadt kann man sich die Sache dadurch vereinfachen, daß man mit dem Hund an Häuserfronten, Gartenzäunen oder Baustellenplanken vorbeigeht, so daß er durch die Enge zwischen dem linken Bein des Führers und der Wand kaum die Möglichkeit hat, nach vorn zu kommen. Versucht er dennoch vorzupreschen, so sollte man ihn ruhig ein wenig in die Enge drängen, indem man noch strammer an der Kante vorbeigeht und ihm keinen Raum läßt, nach vorn zu laufen.

51

Jede Korrektur dieser Art erfolgt in Verbindung mit dem gleichen Befehl „Bei Fuß". Diese zwei Worte sind dafür gebräuchlich, man könnte natürlich auch genausogut andere benutzen. Wichtig ist nur, daß sie energisch klingen und daß immer der gleichklingende Befehl die gleiche Reaktion des Dackels fordert. Weiß der Teckel den Wunsch des Führers richtig zu deuten, und das ist nach wenigen Tagen der Fall, wenn Sie es täglich geübt haben, so muß die Nichtbefolgung des Befehls mit einer kleinen Strafe verbunden sein. Sie nehmen dazu unauffällig eine Weidenrute in die Hand und warten darauf, daß der Hund wieder vorzieht. Nun kommt das energische Kommando „Bei Fuß!" und sofort ein leichter Schlag mit der Gerte, um dem Befehl Nachdruck zu verleihen. Es handelt sich hier mehr um ein Anticken als um einen Schlag, und diese Art der Bestrafung sollte auch abhängig von dem Wesen des Hundes sein. Sehr dickfällige Burschen können hier ein bißchen mehr vertragen. Erst wenn der Teckel bei allen Gelegenheiten wirklich sauber angeleint bei Fuß geht, kann man dasselbe von ihm auch unangeleint fordern.

Bei der Begegnung mit fremden Hunden besteht kein Grund zur Aufregung. Ist Ihr kleiner Teckel noch jung, also unter einem Jahr alt, so wird der ältere Genosse ihn nur einmal interessiert beschnuppern, um dann weiterzugehen. Die Rangunterschiede sind so groß, daß eine Beißerei von vornherein ausgeschlossen ist.

Ist der fremde Hund ebenfalls jung, wird die Aufforderung zum Toben kommen, indem einer von beiden nach kurzem Beschnuppern ein paar herausfordernde Hüpfer auf der Stelle macht, mit stark abgewinkelten, nach außen gedrehten Vorderbeinen. Sie haben es sicher schon einmal beobachten können. Treffen zwei ältere, unterschiedlich große Hunde auf einem neutralen Gebiet, also auf der Straße oder in einer Parkanlage, zusammen, so kann es sein, daß der größere Hund den kleineren anknurrt und ihm eine Demutsgeste abverlangt. Hier gibt es Verhaltensweisen, die ein ungeübter Beobachter nicht erkennt, die jedoch den stärkeren fremden Hund sofort ansprechen. Die Gefahr einer Beißerei ist in dem Moment beseitigt, wo die Rangordnung auch ohne Kampf, zum Beispiel durch Alter oder Größenunterschied, geklärt ist. Kritisch wird eine Begegnung mit einem fremden Hund nur dann, wenn es sich entweder bei dem fremden Hund um einen notorischen Raufbold handelt oder wenn Sie mit Ihrem kleinen Begleiter in das Territorium eines fremden Hundes gehen. Jeder normal reagierende Hund wird es nicht erlauben, daß ein

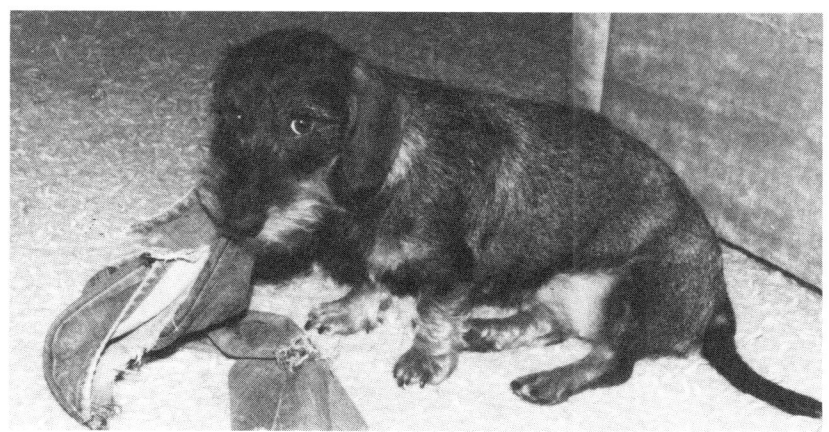

Schlechtes Gewissen?

gleichgeschlechtlicher fremder Hund in seinen Vorgarten oder in die Wohnung seiner Besitzer eindringt.

Dieses sollten Sie als Führer wissen! Wenn es sich nicht vermeiden läßt, nehmen Sie Ihren Teckel rechtzeitig auf den Arm. Den anderen fremden Hund können Sie meist mit einem energischen „Pfui" fernhalten, wenn er an Ihnen hochzuspringen versucht, um Ihren Teckel zu beißen. Käme es aber tatsächlich zum Kampf, und der ist nur unter gleichgeschlechtlichen Hunden wahrscheinlich, so würde bei annähernd gleicher Stärke Ihr Hund verlieren, und derjenige, in dessen Territorium Sie eingedrungen sind, gewinnen. Hier wirkt sich aus, daß jeder Hund in seinem eigenen Gebiet am stärksten ist, sportlich ausgedrückt, Heimvorteile hat. Der fremde Hund ist unsicher. Es besteht kaum Gefahr, daß der eine Hund den anderen umbringt, aber wenn beide sehr starke Hundepersönlichkeiten sind und keiner nachgeben will, kann es doch zu unangenehmen Auseinandersetzungen kommen. Auffällig ist, daß Beißereien meist erst dann entstehen, wenn ein Hund glaubt, etwas dem anderen Hund gegenüber verteidigen zu müssen. Es fängt bei einem Knochen an und geht über die Tasche des Besitzers bis zu Haus und Grundstück.

Treffen sich mehrere Hunde in einem großen Gebiet, und sind alle nicht angeleint, so daß keiner das Gefühl hat, seinen Herrn verteidigen zu müssen, dann gibt es nur das Imponiergehabe der Starken und die

Demutsgesten der schwächeren Hunde. Alles läuft so ab, wie es der Instinkt gebietet, und Beißereien sind die Ausnahme. Kommt es zur Rangelei, und Sie haben nicht den Mut einzugreifen, das heißt beide Hunde zu trennen und den aggressiveren festzuhalten, dann bleibt Ihnen nichts anderes übrig, als untätig danebenzustehen. Sie können nichts machen und sollten auf keinen Fall „Pfui" rufen. Das macht lediglich Ihren eigenen Teckel unsicher und stärkt damit indirekt den anderen Hund. Aber auch das Anhetzen wäre falsch. Ihr Teckel weiß selbst sehr genau, ob es Sinn hat, weiter anzugreifen, oder ob es besser ist, dem Gegner die eigene Schwäche zu zeigen. So oder so – gut funktionierende Instinkte sorgen dafür, daß es keinen das Leben kostet.

Verhalten im Wald

Der Spaziergang im Wald macht Führer und Teckel besondere Freude. Der Teckel liebt die freie Natur, für sie ist er gezüchtet worden, und zu ihr zieht es ihn hin. Ihr Verhalten im Wald wird bestimmt durch das Jagdgesetz. Der Hund gehört hier an die Leine. Ist er jedoch frei bei Fuß und sind Sie sicher, daß er auch dort bleibt, wenn ein Stück Rehwild den Pfad kreuzt, so kann man ihn auch in dieser Form führen. Aber das ist eine riskante Sache, und ich rate dringend davon ab. Nehmen Sie eine lange Leine, lassen Sie ihn mal streng bei Fuß gehen, wie es sich gehört, aber dann auch mal auf besondere Aufforderung hin an der Leine vor Ihnen herziehen, hier und da im Laub schnuppern und sein Interesse für die verschiedenen Gerüche des Waldes und Wildes zeigen und abreagieren.

„Teckel entlaufen"

Wenn der Teckel entwischt, besteht Gefahr für sein Leben. Waidmänner dürfen einen hetzenden Hund, der außerhalb der Einwirkung seines Herrn ist, erlegen. Und obwohl es Hunderassen gibt, die natürlich weit mehr Schaden im Revier anrichten können als ein kleiner Teckel, bringt auch die Wilderei des Teckels große Unruhe, und eine Verärgerung des dort jagdberechtigten Jägers, der meist auch Hundefreund ist, ist begründet.

Bleiben Sie auf jeden Fall dort stehen, wo Ihr Teckel weggelaufen ist. Er wird mit allergrößter Wahrscheinlichkeit genau an diesen Platz

Das kann man nur mit einem Dackel machen!

zurückkommen, denn ein Hund hat ein für menschliche Verhältnisse unwahrscheinliches Orientierungsvermögen und eine Nase, die es ihm durchaus möglich macht – auch wenn er stundenlang im Revier gestöbert hat –, auf seiner eigenen Spur zum Ausgangspunkt zurückzufinden. Rufen hat wenig Sinn, wenn Sie ihn nur noch weit in der Ferne bellen hören. Hinterherlaufen wäre grundfalsch. Wenn der Teckel Sie dabei sieht, meint er, in der Meute zu jagen. Er begreift nicht, daß Sie hinterhergesaust sind, um ihn zu fangen. Sein Jagdtrieb wird noch weiter angeheizt und die Jagerei nimmt überhaupt kein Ende. Also stehenbleiben und warten. Das kann Stunden dauern, aber es ist der einzig richtige Weg.

Wenn Sie mit der Familie spazierengegangen sind und die Kinder unruhig zu werden beginnen, sorgen Sie dafür, daß wenigstens einer an dem Platz im Forst verweilt, an dem der Teckel fortgelaufen ist. Besteht auch diese Möglichkeit nicht, so legen Sie einen Gegenstand ab, auf den der Teckel bei seiner Rückkehr stößt und auf oder neben

55

den er sich bei seiner Rückkehr legen kann. Ein Mantel, eine Wolldecke, ein Hut, ein Rucksack oder was immer es ist. Nach ein oder
zwei Stunden sollten Sie dann jeweils diese Stelle kontrollieren. Verge-
hen mehr als vier oder fünf Stunden, sollten Sie die örtliche Polizei
benachrichtigen oder, wenn es ganz in der Nähe der Stadt ist, auch das
Tierheim – möglicherweise wurde er dort bereits abgeliefert. Wenn
Ihnen, insbesondere auf dem Lande, Polizei und Tierheim nicht wei-
terhelfen können, gibt es eine andere Möglichkeit, die Volksschule.
Die Schülerinnen und Schüler der Volksschule auf dem Dorf sind
findig und hören und sehen alles, was in Ihrer Nachbarschaft passiert.
Gehen Sie morgens zum Lehrer und bitten ihn, in den Klassen zu
fragen, ob irgendwo ein Hund zugelaufen ist.

Beschreiben Sie den Hund und hinterlassen Sie Ihre Adresse. Ich
habe durch die Hilfe von Schülern meinen Rauhhaar einmal wiederbe-
kommen. Das Tier war nach über zehn Stunden von einem Landarbei-
ter aufgefunden und mitgenommen worden. Als ich ihn abholte – man
sollte einen „Finderlohn" nicht vergessen –, erzählte er mir auf platt-
deutsch, er habe sofort gemerkt, daß es sich um einen ganz vornehmen
Hund handeln müsse. Der Teckel sei sofort auf das Plüschsofa in der
guten Stube gesprungen und habe dort geschlafen. Wer widerspricht
schon, wenn man ihm erzählt, er habe einen vornehmen Hund. Ich
habe mich nur gewundert, daß der Rauhhaar bei völlig fremden Leuten
sofort etwas tat, was er bei mir nie durfte.

„Geschäftchen" auf dem Bürgersteig

Für viele Teckel bleibt als Ersatz für Waldspaziergänge die Begleitung
von Herrchen oder Frauchen auf dem Bürgersteig. Peinlich, wenn der
Hund sich hier lösen muß. Es gibt nur eine Möglichkeit, aus dieser
dummen Situation das Beste zu machen. In dem Moment, wo man
merkt, daß der Hund sich hinhockt, fasse man ihn vorsichtig ins
Nackenfell und setze ihn an den nur wenig entfernten Bordstein. Mehr
läßt sich nicht tun, und ein allzu schlechtes Gewissen brauchen Sie auch
nicht zu haben, denn die Verschmutzung der Bürgersteige ist ein
wesentliches Argument dafür, warum in der Stadt erheblich höhere
Hundesteuer genommen wird als auf dem Lande.

Dem Ansehen aller Hundebesitzer ist es aber dienlich, wenn es zur
Verunreinigung der Bürgersteige erst gar nicht kommt bzw. der Kot
vom Halter entfernt wird.

Dackel ohne Herrchen

Zu Haus

Es läßt sich nicht vermeiden, daß ein Hund auch einmal allein im Haus zurückbleiben muß. Die Länge der möglichen Abwesenheit richtet sich weniger nach den Freßzeiten als vielmehr nach der Dauer, die man dem Hund zumuten kann, ohne Darm- und besonders Blasenentleerung aushalten zu können. Hier lassen sich keine genauen Angaben machen, aber beim erwachsenen Hund sollte die Zeit nicht mehr als vier bis fünf Stunden betragen, bei jungen Hunden weniger.

Längere Abwesenheit ist deshalb Quälerei, weil der Hund inzwischen gelernt haben wird, stubenrein zu sein. Sie würden ihn nun zwingen, etwas zu tun, was ihm sehr zuwider ist, nämlich in höchster Not seine Geschäfte doch dort zu verrichten, wo er es bisher nicht durfte und wo er nun nicht mehr mag. Auch sollte während Ihrer Abwesenheit Trinkwasser zur Verfügung stehen. Da der erwachsene Hund nur einmal am Tage Futter erhält, ist in dieser Beziehung keine besondere Vorkehr zu treffen.

Im Urlaub

Bei den meisten Hundebesitzern stellt sich jedes Jahr zur Urlaubszeit die Frage: Wohin nun mit dem Hund? Tatsächlich ist es ein Problem, zumal viele Leute während der Sommerferien in Urlaub fahren und damit die Chance, den Teckel bei guten Freunden unterzubringen, schwindet und es recht schwierig ist, während der Ferienzeit in einer Hundepension einen Platz zu finden.

Wenn es irgendeine Möglichkeit gibt, den Hund in seinen gewohnten vier Wänden bei gleicher Weiterfütterung zu belassen, so ist das die optimale Lösung.

Kommt das nicht in Frage, so ist zu wählen zwischen guten Freunden, die den Hund kennen, und einer Hundepension. Bei den Bekannten wissen Sie selbst am besten, ob der Teckel hier gut aufgehoben ist und ob Sie es den Leuten zumuten können.

*Ein stämmiger Bursche
(Kurzhaarteckel)*

Es bleibt immer eine erhebliche Umstellung, und Ihr Teckel wird sich sehr nach Ihrer Rückkehr sehnen. Damit Sie sich ein Bild von den in Aussicht genommenen Hundepensionen machen können, ist es unbedingt erforderlich, daß Sie rechtzeitig vor Antritt der Fahrt dorthin fahren. Sie können dann gezielt auswählen, gegebenenfalls einen Platz fest buchen und auch über den Preis sprechen. Diese sind nämlich sehr unterschiedlich, und man sollte vorher wissen, was auf einen zukommt, damit es nachträglich keinen Ärger gibt. Wenn es dann soweit ist und Sie mit Ihrem Hund zur Pension fahren, schreiben Sie auf einen Zettel, welche Mahlzeiten er bei Ihnen zu Hause bekommt und welche Gewohnheiten er hat. Entgegenkommende Inhaber von Hundepensionen werden sich bemühen, dem Teckel so weit wie möglich seine vertraute Umgebung zu ersetzen. Auf jeden Fall sollten Sie den Schlafkorb mitbringen, damit das Tier sein kleines Plätzchen hat, in dem es sich in der Fremde geborgen fühlt.

Auf Reisen

Im Auto

Wenn Sie den Teckel in der Urlaubszeit nicht bei Freunden oder in einer Pension unterbringen können, bleibt nur die Möglichkeit, ihn mit in den Urlaub zu nehmen. Beginnen wir mit dem Transport im Auto.

Klar, daß der Hund nicht im Kofferraum verstaut wird. Er muß während der Fahrt genügend Frischluft bekommen, und es muß dafür gesorgt werden, daß er beim Fahren nicht stört. Ich habe für meine Teckel im Fußbereich des Beifahrersitzes eine Befestigungsmöglichkeit anbringen lassen, damit insbesondere die schmutzigen Hunde nach der Jagd nicht durch das ganze Auto springen können. Eine Befestigung dieser Art wäre auch für längere Fahrten möglich, wenn dafür gesorgt ist, daß das Kettchen ein Drehgelenk hat und die Bewegungsfreiheit ausreicht. Beachten Sie die Warmluftaustrittsöffnungen des Autos. Sie müssen geschlossen werden; starke, trockene Wärmeströmung schadet dem Tier. Sie können ihren Teckel natürlich auch auf dem Rücksitz des Wagens mitnehmen, er muß dann aber gut erzogen sein und darf Sie während der Fahrt nicht stören.

In abgestellten Wagen dürfen Teckel nur sehr kurzfristig gelassen werden. Auf jeden Fall muß der Wagen im Sommer im Schatten stehen, und die Fenster müssen zumindest einen Spalt weit geöffnet sein.

Lange Fahrten über Hunderte oder gar Tausende von Kilometern sind auch für jeden Teckel eine Tortur, und man sollte sie seinem Hund ersparen, wenn es irgend möglich ist. Das gilt in ganz besonderem Maße für Hunde, die Fahrten ohnehin nicht vertragen können und die wie manche Kinder zu spucken beginnen.

Denken Sie auch an regelmäßige Pausen während der Fahrt, und nutzen Sie diese, um dem Hund an der Leine Bewegung zu verschaffen und ihm Trinkwasser anzubieten.

Bahnfahrten

Bei der Bahn wird der Hund wie ein Kind behandelt, das heißt, er bezahlt 50 % der Fahrtkosten und kann mit ins Abteil genommen werden, wenn dadurch nicht Mitreisende belästigt werden. Im Schlafwagenabteil dürfen Sie den Hund nur dann dabeihaben, wenn Sie dieses für sich allein oder Ihre Familie gebucht haben. Sonst muß der Teckel in einer seiner Größe entsprechenden Kiste untergebracht werden und ist im Gepäckwagen zu befördern. Für Verpflegung und das Ausführen während der Aufenthalte auf Bahnhöfen hat der Hundehalter selbst zu sorgen. In vielen Ländern ist die Mitnahme eines Hundes in der Bahn überhaupt nicht möglich.

Im Flugzeug

Bei Flugreisen sind die Beförderungsbestimmungen der Linienfluggesellschaften maßgebend. So darf ein Tier nur bis zu einem Maximalgewicht von 5 kg, und darunter fallen nur Zwerg- und Kaninchenteckel, nicht aber die Normalschläge, in der Kabine selbst transportiert werden. Wenn Ihr Dackel also unter 5 kg wiegt, ist der Transport für Sie sehr einfach, und Sie brauchen sich nicht einmal während des Fluges von ihm zu trennen. Eine wasserdichte Tasche zur Unterbringung auf Ihrem Schoß genügt. Alle Tiere über 5 kg, also auch die meisten Teckel, können an einer Flugreise nur im Frachtraum teilnehmen. Sie werden dort in Käfigen untergebracht, die Sie von der Luftfahrtgesellschaft erwerben müssen und die nicht zurückgenommen werden. Bei Charterreisen ist die Mitnahme von Hunden und anderen Tieren grundsätzlich nicht möglich.

Auslandsreisen

Bei allen Reisen ins Ausland sind so viele Dinge in bezug auf die Mitnahme Ihres Teckels zu bedenken, daß Sie auf jeden Fall rechtzeitig vorher in einem Reisebüro um Auskunft bitten sollten. Es müssen Gesundheitszeugnisse und Impfbescheinigungen vorgelegt werden, Untersuchungen von Amtstierärzten durchgeführt und eventuell auch Quarantänezeiten eingehalten werden. Jedes Land hat hier andere Bestimmungen, und in einige Länder ist die Mitnahme von Hunden überhaupt nicht möglich. Es würde im Rahmen dieses Kapitels zu weit

*Eine Hand
voll Rauhhaar,
25 Tage alt*

führen, alle Länder mit den entsprechenden Bestimmungen aufzuführen, zumal sich diese auch ändern. Ihr zuständiges Kreisveterinäramt oder das Konsulat des Bestimmungslandes, aber auch Reisebüros und Auskunftsbüros von Fluggesellschaften und der Bundesbahn können Ihnen nähere Einzelheiten mitteilen.

Im Hotel und auf dem Campingplatz

Mit dem Transport an sich sind aber die Schwierigkeiten noch nicht gemeistert. Denken Sie daran, daß nicht in allen Hotels Hunde erwünscht sind und daß auch auf Campingplätzen erhebliche Einschränkungen für die Haltung von Hunden bestehen. Immer kommt es darauf an, daß Mitmenschen nicht belästigt oder gar gefährdet werden. Bedenken Sie, daß diese häufig eine ganz andere Grundeinstellung zu Tieren überhaupt haben können als Sie.

Eines ist ganz sicher, und Sie sollten es bei Ihren Entscheidungen berücksichtigen: Eine Urlaubsreise ist für Ihren Teckel mit Sicherheit alles andere als erholsam, bedingt eine erhebliche Umstellung für Ihr Tier und wird Sie eventuell in Ihren Urlaubsvorhaben einschränken.

61

Der alternde Hund

Der Alterungsprozeß

Mit etwa zehn Jahren kann man von einem alten Hund sprechen. Langsam hat sich sein Fang grauweiß gefärbt, er neigt ein bißchen zur Korpulenz, wird langsamer in seinen Bewegungen, meist aber auch vernünftiger und ruhiger.

Hündinnen sollte man schon zwei oder drei Jahre vor dem zehnten Lebensjahr nicht mehr zur Zucht verwenden, denn das Alter kann mangelnde Milchproduktion und somit Erschwernisse bei der Aufzucht der Welpen mit sich bringen. Dagegen kenne ich Rüden, die mit über zehn Jahren noch häufig zur Zucht verwandt wurden und deren Potenz offenbar nicht nachgelassen hatte.

Hinsichtlich seines Aussehens altert der Hund langsam und gleichmäßig. Seine körperliche Konstitution kann sich aber sehr plötzlich verändern, was dann zu einem rapiden Leistungsabfall führt. Es scheint manchmal, als würde der Teckel so etwa zwischen dem zehnten und zwölften Lebensjahr in sechs Monaten um zwei Jahre älter. Er mag nicht mehr toben, er braucht beim Spazierengehen Ruhepausen, er hat kein Interesse mehr an weiten Ausflügen, und selbst wenn er einmal hinter einem Stück Wild herläuft, kommt er nach wenigen Minuten zurück. Wie gesagt, das muß nicht so sein, denn Altern ist natürlich auch eine individuelle Sache. Ein typisches Zeichen des Älterwerdens beim Teckel ist es, wenn er nicht mehr auf Stühle und etwas höhere Sessel springt. Er könnte es vielleicht noch wie in alten Zeiten, aber es ist ihm zu beschwerlich.

Auch das Bedürfnis nach Wärme nimmt zu. Gerade der alte Teckel rückt immer mehr in die Nähe der Heizung oder des Ofens, um sein Schläfchen zu halten. Kommen keine gesundheitlichen Störungen hinzu, so sollte man es gerne auf sich nehmen, dem Teckel, der einem so viele Jahre Freude gemacht hat, auch einen schönen Lebensabend zu bereiten. Das bedeutet kaum Futterumstellung und keine Änderung in der Haltung, es bedingt nur ein bißchen Rücksichtnahme auf seine wachsende körperliche Trägheit.

Wenn ein Teckel im hohen Alter nicht mehr recht gehorcht, so gehen Sie nicht gleich davon aus, daß er ungehorsam wird. Fast immer ist es so, daß er auch schlechter hört und Sie daher lauter nach ihm rufen müssen, damit er Sie versteht.

Ob auch die Nasenleistung und das Sehen nachlassen, ist schlechter zu beurteilen, weil es weniger leicht prüfbar ist. Mein Eindruck ist der, daß nur die Sehkraft abnimmt und so, in Verbindung mit dem schlechteren Hören, der Einsatz der Nase eine immer größere Rolle im Leben des alten Teckels einnimmt.

Schreitet der Alterungsprozeß immer weiter voran, und haben Sie das Gefühl, daß sich der Hund nicht mehr recht bewegen kann und ihm jeder Schritt Schmerzen bereitet, dann kommt natürlich die Frage auf, ob man den Hund beim Tierarzt durch eine schmerzlose Spritze töten lassen soll. Das ist eine Entscheidung des Besitzers, und ich möchte hier niemandem dreinreden. Haben Sie jedoch das Gefühl, daß das Leben des Teckels für ihn selbst zur Qual wird, ist es wohl doch gerechtfertigt, sich zu einem letzten Gang mit seinem Freund zum Tierarzt zu entschließen. Die Tötung durch eine Injektion ist schnell und schmerzlos, der Hund leidet also keine Qualen.

In Verbindung mit dem hohen Hundealter treten auch Krankheiten auf, die sehr schwer oder nahezu unheilbar sein können. Ich denke an Geschwüre und Hautentzündungen, aber auch rheumatische und Lähmungserscheinungen, die so schlimm sein können, daß der Teckelbesitzer seinen Hund durch eine Spritze von den Qualen erlösen lassen muß. Diese schwere Entscheidung ist jedoch von Fall zu Fall zu treffen, und es ist ratsam, dazu das Urteil des Veterinärs zu hören.

Was mit dem toten Teckel zu geschehen hat, bestimmt das Tierkörperbeseitigungsgesetz vom 1. 2. 1939 mit zwei dazu ergangenen Durchführungsverordnungen. Der häßliche Ausdruck „Tierkörper" wird in diesem Gesetz erstmalig durch den noch gräßlicheren Ausdruck „Kadaver" ersetzt. Tierkörper müssen in sogenannten Beseitigungsanstalten abgeliefert werden. Eine Ausnahme gilt jedoch für Hunde, die auch vergraben werden dürfen.

Das Vergraben muß auf eigenem Gelände erfolgen und nicht in der Nähe öffentlicher Wege und Plätze. In Stadtkreisen hat allerdings das Ordnungsamt die Befugnis, für das Stadtgebiet oder für Teile dessen anzuordnen, daß jeder Tierkörper in Sammelstellen abzuliefern ist. Die Konsequenz, die man aus dem Tierkörperbeseitigungsgesetz ziehen kann, ist einfach: Wenn Sie in der Stadt wohnen oder nicht über

Mittagsruhe

ein eigenes Grundstück verfügen, so lassen Sie den Teckel am besten bei einem Tierarzt, der für die vorschriftsmäßige Beseitigung sorgen wird. Haben Sie jedoch ein eigenes Grundstück, so ist es Ihnen erlaubt, den Teckel hier, mindestens 1 m tief, zu vergraben. Ein kleiner Stein oder ein eingeschlagener Holzpflock kann die Grabstelle markieren.

Gegen den Schmerz, den man bei dem Tod eines liebgewordenen Teckels verspürt, gibt es ein Mittel: Sorgen Sie dafür, daß sofort nach seinem Tod ein neuer Welpe ins Haus kommt, so daß sich die ganze Familie auf den neuen Teckel konzentriert und von dem Tod des alten abgelenkt wird.

Zuchtschauen, Ausstellungen

Die Gruppen des Teckelklubs veranstalten Zuchtschauen. Hier kann auch unabhängig von einer Klubmitgliedschaft jeder Teckelbesitzer seinen Hund, wenn er ein Alter von sechs Monaten erreicht hat, vorführen, damit er vom anerkannten Formwertrichter beurteilt wird. Dieser Fachmann untersucht jeden Hund einzeln auf zuchtausschließende Fehler, beobachtet ihn in der Bewegung und im Stand und vergleicht somit, inwieweit er den festgelegten und in diesem Buch schon aufgeführten Rassekennzeichen entspricht.

Klasse-Einteilungen oder Plazierungen gibt es nicht; jedem Teckelführer wird unmittelbar nach der eingehenden Besichtigung seines Hundes (die gane „Prozedur" dauert nur fünf bis zehn Minuten) der Formwert bekanntgegeben. Erhält Ihr Hund den Formwert „vorzüglich", so wird damit zum Ausdruck gebracht, daß er dem Zuchtziel

Dieses ist ein ausgewachsener Langhaar-Zwerg

65

Trimmen wäre mal wieder nötig! Gebrauchssieger „Nando von der Perle"

entspricht. Vergibt der Formwertrichter ein „genügend", so wissen Sie, daß Ihr Hund einen oder mehrere Fehler aufweist, die ihn zur Weiterzucht nicht geeignet erscheinen lassen. Dazwischen liegen die Formwerte „gut" und „sehr gut".

Bei den Ausstellungen wird der Hund „in Konkurrenz" vorgestellt, das heißt mit ihm und gleichzeitig konkurrieren weitere Teckel seiner Klasse.

Die Klassenteilung erfolgte vorher durch die Schauleitung und berücksichtigt Größe, Haarart und Geschlecht des Teckels, außerdem, ob er mit Erfolg auf Jagdgebrauchsprüfungen geführt worden ist oder nicht.

Bei Ausstellungen werden höhere Ansprüche an den korrekten Körperbau, eine gute Bewegung, schönes Aussehen und richtige Behaarung gestellt als bei einer Zuchtschau.

Während man bei einer Zuchtschau noch ohne große Erfahrung und Können erscheinen kann, sollte man sich rechtzeitig – nämlich mindestens sechs bis acht Wochen vor der Teilnahme an einer Ausstellung –

*Ein aufgewecktes
Kerlchen*

mit Fachleuten in Verbindung setzen. Der Vorstand einer Teckel-
gruppe wird die Verbindung zu erfahrenen Hundezüchtern und -füh-
rern gern knüpfen. Nur wenn Sie durch Gespräche darüber aufgeklärt
worden sind, worum es geht und was der Richter im einzelnen sehen
möchte, werden auch Sie Ihre Chance wahrnehmen können.

Noch richtiger wäre es, an einer Ausstellung als Zuschauer teilzu-
nehmen, damit Sie das Drum und Dran mit seinem Ablauf vorher
beobachten können.

Bei Ausstellungen werden die gleichen Formwerte vergeben wie bei
den Zuchtschauen und dazu meist noch besondere Titel oder Auszeich-
nungen für Spitzentiere.

Gehen Sie mit nicht zu großen Erwartungen zu diesen Veranstaltun-
gen, und verzichten Sie nicht auf den Rat eines erfahrenen Klubmit-
glieds, dann wird auch bei Ihrer ersten Ausstellungsteilnahme nichts
schiefgehen.

Zucht?

Teckelzucht ist wie die Tierzucht ganz allgemein eine ernsthafte Angelegenheit, die viel Fingerspitzengefühl erfordert, und nichts mit dem zufälligen Vereinen von zwei Elterntieren zu tun hat.

Man muß wissen, daß zur Zucht die Mitgliedschaft in einem eingetragenen Verein erforderlich ist, daß die Elterntiere Ahnentafeln haben müssen, daß beide Elterntiere einen Mindestformwert „sehr gut" errungen haben müssen und ein eingetragener Zwingername vom Stammbuchamt vergeben worden sein muß.

Die genaue Kenntnis verschiedener Blutlinien ist weiterhin erforderlich, damit die Nachkommen in ihrer Qualität nicht reine Zufallsprodukte sind.

Bei der Teckelzucht hat man selbst nach 20 Jahren noch nicht ausgelernt, und wenn man nicht allzuviel Lehrgeld bezahlen will, kommt man ohne Anleitung eines erfahrenen Züchters nicht aus.

Die Zuchtwarte der jeweiligen Gruppen stehen mit Rat und Tat zur Verfügung, und der angehende Züchter sollte auf die Hilfe dieser speziell geschulten Klubmitglieder nicht verzichten.

Die formellen Voraussetzungen zur Zucht sind schnell erfüllt und die zwischen Deck- und Wurftag liegende Trächtigkeit von etwa 62 Tagen im Nu vergangen.

Mit dem Wurftag und der Welpenaufzucht ergeben sich Fragen über Fragen, auf die in diesem Buch einzugehen nicht möglich ist.

Teckelzüchter sind aber in der Regel freundliche und hilfsbereite Leute, und das Klügste, was Sie machen können, bevor Sie mit einer eigenen Zucht beginnen, ist, mit jemandem aus diesen Reihen Kontakt aufzunehmen und alles in Ruhe durchzusprechen.

Er wird Ihnen sagen, welcher Rüde zu Ihrer Hündin paßt, wo in Ihrem Haus die Wurfkiste am besten untergebracht werden kann, was geschehen muß, wenn sich die Trächtigkeit um mehr als drei bis vier Tage verlängert oder die Mutterhündin nicht genug Milch hat, worauf man bei der Fütterung und Entwicklung der Welpen achten muß und was bei Komplikationen zu tun ist.

Unendlich viel müssen Sie erfahren und erlernen, aber es ist für Sie

Schwarz-rote Kurzhaar-Zuchtgruppe: „Zwinger von Schlendrian". Hier erkennt man besonders deutlich, was der Fachmann unter „Brand" versteht; die roten Flächen im sonst schwarzen Fell

tröstlich zu wissen, daß die Zucht Ihnen immer mehr Spaß machen wird, je mehr Sie darüber wissen –, und als Belohnung für all Ihre Mühen und den großen Zeitaufwand, der mit der Zucht verbunden ist, werden sich auch Erfolge einstellen.

69

Ernährung

Die wildlebenden Ahnen unseres Hundes waren Jäger. Sie verzehrten ihre Beute mit Haut und Haar. Bevorzugte Leckerbissen waren die Innereien. Magen und Darm ihrer Beutetiere enthielten auch vorverdaute Pflanzen und wichtige Vitamine. Wölfe und Wildhunde fraßen also nicht nur Fleisch. Genauer wäre die Bezeichnung „Tierfresser". Aus Untersuchungen des Mageninhaltes wissen wir, daß darüber hinaus praktisch alles auf dem Speisezettel stand, was die Natur bot: Früchte, Samen und Gräser, Frösche und Schlangen, selbst Insekten wurden verzehrt. Nur so konnten der Hunger gestillt und genügend Vitamine und Mineralstoffe aufgenommen werden.

Angemessene artgemäße Nahrung hat der Hundehalter seinem Hund nach dem Tierschutzgesetz anzubieten. Unkenntnis und falsch verstandene Tierliebe können leicht zu Tierquälerei führen: Der Hund ist kein Resteverwerter. Mit Süßigkeiten ist ihm nicht gedient. Falsche Ernährung kann Fettsucht, innere Erkrankungen oder Hautkrankheiten verursachen. „Angemessen" ist nur eine gesunderhaltende Nahrung. Die Freßgewohnheiten der Wildtiere zeigen, wie das Futter zusammengesetzt sein muß:

Fleisch ist die Ernährungsgrundlage. Es enthält neben Salzen, Geschmacksstoffen und Vitaminen vor allem Eiweiß. Reines Muskel-

Rauh-haar-Gruppe

70

fleisch oder Herz kann ebenso wie ausschließlich minderwertige sehnige, häutige oder knorpelige Teile zu Verdauungsstörungen führen. „Artgemäß" ist eine aus leichter und schwerer verdaulichen Bestandteilen gemischte Fleischgrundlage. Dazu gehört auch tierisches Fett. Es dient als Energiequelle.

Pflanzen enthalten neben Eiweiß, Vitaminen und Mineralstoffen vor allem Stärke und Zucker. Diese Kohlehydrate liefern ebenfalls Energie. Sie muß aber bei den meisten Nährmitteln durch Erhitzung „aufgeschlossen", das heißt verdaulich gemacht werden. Für Sättigung, Darmfüllung und geregelte Verdauung sorgen unverdauliche Rohfasern, die vor allem in Rohkost, aber auch in Hundeflocken, weniger aber in gekochtem Reis enthalten sind. Ungesättigte Fettsäuren aus Pflanzenölen sind vor allem für gesunde Haut und glänzendes Fell wichtig.

Für den gesunden Hund ist eine Ergänzung der Fleischgrundlage durch aufgeschlossene rohfaserhaltige Pflanzenkost das Richtige.

Eine vielseitig zusammengesetzte Nahrung enthält auch Vitamine. Das sind Wirkstoffe, die für Stoffwechselprozesse wie Blutgerinnung, Nervenfunktion oder Infektabwehr benötigt werden, die der Körper jedoch selbst nicht produzieren kann. Mineralstoffe und Spurenelemente sind nicht nur für den Knochenbau, sondern auch für viele andere Stoffwechselprozesse unerläßlich.

Eine Wissenschaft für sich?

Erhaltungs- und Leistungsbedarf, Nährwerttabellen, Kalorien und Joule – das ist schon eine Wissenschaft für sich – beflügelt durch die Futtermittelindustrie. Bei allem Respekt wundert sich der Praktiker, daß trotz Unkenntnis und Fehlern früherer Zeiten die Spezies Haushund nicht längst ausgestorben ist. Zum besseren Verständnis genügen folgende Überlegungen: Der Körper des erwachsenen Hundes befindet sich in einem dauernden Umbau. Zur Erhaltung der Körpersubstanz sind daher Eiweißbausteine erforderlich, für die damit verbundenen Stoffwechselvorgänge Energielieferanten, Vitamine und Mineralstoffe. Das Futter soll in der Trockenmasse etwa ein Drittel Eiweiß, mindestens fünf Prozent Fett und höchstens die Hälfte Kohlehydrate enthalten.

Welpen und Junghunde brauchen für ihr Wachstum mehr Nahrung als gleich schwere erwachsene Hunde, bis zum sechsten Monat etwa doppelt soviel und dann immerhin noch fünfzig Prozent mehr. Ihr Futter soll zu zwei Dritteln, später mindestens zur Hälfte aus Fleisch und anderen Eiweißstoffen bestehen.

Diese Richtwerte gelten nur bei normaler Belastung. Besondere Leistungen erfordern eine Zulage. Als Fleischfresser kann der Hund zwar auch aus Eiweiß Energie gewinnen, die Ausbeute ist jedoch gering (und teuer). Zugelegt werden daher kohlehydrathaltige Futtermittel. Erhaltungs- und Leistungsbedarf sind praktisch nicht zu trennen. Bei Dauerbelastung kann bis zu viermal mehr Energie als bei Ruhe verbraucht werden.

Die wichtigsten Grundregeln

Die Futterration kann nicht mit der Briefwaage abgemessen werden. Neben Alter und Leistung ist die individuelle Veranlagung des Hundes ausschlaggebend. Es gibt gute und schlechte Futterverwerter. Ein normal veranlagter, durchschnittlich beanspruchter erwachsener Dakkel braucht täglich etwa 1½ bis 2 Tassen voll rohem Fleisch, gulaschwürfelgroß geschnitten und sehr reichlich mit Futterhaferflocken „paniert". Über die Mischung verteilt man als kleine Beigabe eine Messerspitze Mineralstoff-Mischung, die als weißes Pulver in Zoohandlungen erhältlich ist. Zwerg- und Kaninchenteckel brauchen weniger, die angegebene Menge bezieht sich auf Teckel im Normalschlag.

Bei einem gesunden, gut ernährten Hund sollen die Rippen optisch nicht hervortreten, mit der flachen Hand aber noch fühlbar sein. So kann man „erfühlen", ob etwas Futter zugelegt oder abgezogen werden muß.

Junghunde können die tägliche Futtermenge unmöglich auf einmal aufnehmen. Eine Magenüberladung wäre die Folge. Knochen, Bänder und Gelenke würden zu stark belastet und bleibende Schäden davontragen. Immerhin braucht ein halberwachsener, 3 bis 5 kg schwerer Dackel bereits genausoviel Futter, wie sein ausgewachsener Artgenosse. Die Ernährung der Welpen erfolgt zunächst genau so, wie der Züchter es gehandhabt und dem Käufer empfohlen hat. Umstellungsbedingte Verdauungsstörungen werden so vermieden. Dem Welpen wird die Eingewöhnung erleichtert.

Bis zum Abschluß des Zahnwechsels mit etwa sechs Monaten erhält der Junghund täglich drei, später bis zum Abschluß des Wachstums mit etwa eineinhalb Jahren zwei Mahlzeiten täglich. Der Junghund darf

Guten Appetit!

zunächst noch etwas „Babyspeck" haben. Er hilft, Krankheiten besser zu überstehen. Mangelernährung in der Jugend ist kaum wiedergutzumachen.

Fresser werden nicht geboren, sondern erzogen: Der erwachsene Hund erhält täglich eine Mahlzeit. Was in einer Viertelstunde nicht aufgefressen ist, gehört in den Mülleimer. Wichtig ist eine regelmäßige, feste Futterzeit, weniger wichtig, ob dies morgens, mittags oder abends ist. Stets soll jedoch der Hund nach dem Fressen ruhen, so wie es auch Wildtiere nach ergiebigem Mahl zu tun pflegen. Bei „Sport und Spiel" besteht die Gefahr, daß sich ein gefüllter Magen verdreht – eine lebensgefährliche Situation.

Das Futter soll vielseitig sein, damit es alle benötigten Nährstoffe enthält. Der Hund braucht aber keine Geschmacksabwechslung. Er kann durchaus dauernd das gleiche Futter erhalten, wenn dies optimal zusammengesetzt ist.

Fertigfutter – sicher, bequem und preiswert

Die Vorurteile gegen Fertigfutter sind überholt. Es entspricht in Eiweißanteil und sonstigen Inhaltsstoffen den wissenschaftlichen Erkenntnissen. Durch moderne Konservierungsverfahren werden Vitamine weniger geschädigt als durch haushaltsübliches Kochen. Krankheitserreger im Fleisch werden bei der Herstellung abgetötet. Ein weiterer Vorteil ist die praktische Vorratshaltung. Auf Reisen ist Fertigfutter die einfachste Futterlösung. Es ist nicht teurer als selbst zubereitetes Futter. Gegen Fertigfutter gibt es eigentlich nur einen

Einwand: Artgemäßerweise frißt der Hund Rohes, nicht aber Gekochtes.

Dosenfutter enthält reichlich Eiweiß. Das Etikett muß genau gelesen werden: „Vollnahrung" enthält bereits pflanzliche Futtermittel und ist futterfertig. Zu „Fleischnahrung" müssen noch Flocken, Reis oder Gemüse zugemischt werden. Als vermeintlicher Nachteil werden vielfach die großen Kotmengen nach Verfütterung von Dosenfutter empfunden. Sie sind Folge des Rohfaseranteils und der damit verbundenen guten Darmfüllung. Geschwächte kranke Hunde reagieren bei plötzlicher Umstellung auf Dosenfutter gelegentlich mit Durchfall.

Fertigfuttermischungen aus Trockenfleisch und Nährmitteln werden mit warmem Wasser oder Brühe dickbreiig angerührt – eine unproblematische Futterzubereitung.

Trockenfutter in Keks- oder Ringform und Hundekuchen enthalten fünfmal weniger Wasser als normal feuchtes Futter. In einem Extranapf muß daher unbedingt Wasser angeboten werden. 200 g Trockenfutter haben etwa den gleichen Nährwert wie eine 850 g Dose Vollnahrung oder 400 g Fleisch und 125 g Flocken. Zusätzliche „Leckerlis" sind Dickmacher!

Fertigfutter ist meist nach dem Bedarf erwachsener Hunde zusammengestellt. Junghunde erhalten daher als Eiweißzulage zusätzlich Fleisch oder Milcherzeugnisse oder aber gleich ein spezielles Welpen- oder Junior-Fertigfutter.

Eigener Herd . . .

Schwieriger ist es, seinen Hund mit selbst zubereitetem Futter zu ernähren. Man muß dazu einiges über Wert und Eigenschaften der Futtermittel wissen.

Fleisch ist die Futtergrundlage; Rinderpansen und Blättermagen, Herz, Fleischabschnitte, Maulfleisch, Leberabschnitte, Schlund, Milz und Nieren sind ein fast vollwertiger Ersatz für das teure Muskelfleisch. Euter, Lunge und „Schweineringel" sind nur bedingt und in kleinen Mengen geeignet. Besonders wertvoll ist „grüner" Pansen. Der rohe, ungereinigte Rindermagen enthält bereits vorverdaut Pflanzenteile und Vitamine, die aus dem Pflanzenfutter stammen oder im Pansen gebildet wurden. Haltbarer und weniger duftend ist der gereinigte und gebrühte „weiße" Pansen. Rohe Leber und rohe Milz haben eine abführende Wirkung und dürfen daher – je nach Kotbeschaffen-

1978 waren 35 Prozent der eingetragenen Teckel „Langhaar"

heit – nur in kleinen Mengen zugegeben werden. Geflügelinnereien und Schweinefleisch sollten stets gekocht werden. Sie könnten sonst Durchfall oder die gefürchtete Aujeszkysche Krankheit übertragen. Die Fleischgrundlage sollte stets aus verschiedenen Bestandteilen bestehen. Bei einseitiger Zusammensetzung, zum Beispiel ausschließlich Pansen, können Eiweißbausteine fehlen, die der Hund braucht. **Andere Eiweißquellen** können das Futter vervollständigen. Hunde mit gesunder Leber und Niere dürfen gelegentlich unverdorbenen Fisch, frei von harten Gräten, fressen. Junghunde bis zum sechsten Monat können täglich eine mit Milch hergestellte Mahlzeit erhalten. Bei älteren Junghunden muß Kuhmilch verdünnt werden. Erwachsene Hunde erhalten – wie in der Natur – keine Milch. Sie können den Milchzucker nicht verdauen. Der Darminhalt wird dadurch zu weich. Hauterkrankungen können die Folge sein. Besser als Kuhmilch sind Welpenmilch-Präparate, die auch von älteren Hunden vertragen werden. Auch rohes Eiklar kann der Hund nicht richtig verdauen. Rohes Eigelb ist dagegen vor allem für junge und kranke Hunde gesund und bekömmlich. Gekochte und gebratene Eier verträgt jeder Hund. Viele

Hunde mögen auch Magerquark – eine wertvolle Ergänzung hochwertigen Eiweißes – besonders für Junghunde. Käse ist entgegen Vorurteilen nicht schädlich. Käserinden, Wurstpellen, Geräuchertes und Gewürztes gehören aber nicht in den Hundenapf.

Einkaufsmöglichkeiten für Futterfleisch bieten Hundefutterhandlungen und Fleischereien sowie Zoogeschäfte und Supermärkte. Frisches Futterfleisch ist leicht verderblich und sollte auch bei Kühlung nicht länger als zwei Tage aufbewahrt werden, gekochtes hält sich ein bis zwei Tage länger. In der Gefriertruhe kann man Fleisch etwa drei Monate aufbewahren, zweckmäßigerweise in dicht schließenden Kunststoffbeuteln portionsweise verpackt.

Die Zubereitung des Futters erfordert nur geringen Aufwand. Da der Hund sein Futter nicht kaut, sondern schlingt, wird das Fleisch in maulgerechte Happen geschnitten, aber nicht wie Hackfleisch zerkleinert. Viele Hundefutterhändler nehmen dem Käufer diese Arbeit ab. Das frische oder aufgetaute Fleisch wird mit heißem Wasser angebrüht. So bleibt es innen roh, wird aber leicht erwärmt. Eiskaltes Futter ist Gift für den Hundemagen.

Als pflanzliche Ergänzung können gekochte Haferflocken, Graupen oder Reis zugegeben werden. Einfacher geht es mit „Hundeflocken", einem Gemisch getoasteter und daher verdaulicher Getreideerzeugnisse mit ausreichendem Rohfasergehalt. Zwei Maß Flocken werden einem Maß Fleisch mit warmem Wasser zugemischt. Das Futter soll dickbreiig, nie suppig sein. Junghunde erhalten Flocken und Fleisch zu gleichen Raumteilen. Von Fall zu Fall sollen die Flocken ganz oder teilweise durch Gemüse ersetzt werden, das mit einer Gabel zerdrückt wird. Es schadet nichts, wenn Essenreste leicht gesalzen sind. Der Hund braucht Kochsalz für eine einwandfreie Nierentätigkeit. Hülsenfrüchte und Kohl gehören allerdings nicht ins Hundefutter. Sie sind schwer verdaulich und verursachen Blähungen.

Rohkost, insbesondere fein zerkleinerte Möhren und Äpfel, sind eine sättigende und vitaminreiche Futterergänzung. Auch gehackte Petersilie oder Kresse und frische Obst- und Gemüsesäfte können das Vitaminangebot vervollständigen.

Zur Versorgung mit ungesättigten Fettsäuren – wichtig zum Beispiel für Haut und Haar – kann dem Futter einmal wöchentlich ein Teelöffel Pflanzenöl zugesetzt werden. Auch eine Scheibe Brot mit Pflanzenmargarine ist eine vorzügliche Ergänzung, insbesondere gut durchgebackenes Roggenbrot. Brot soll aber nie eingeweicht werden.

Schwein gehabt! „Motte vom Pannenkamp" und „Artus vom Zulshäger Forst"

Für den Junghund ist eine ausreichende Vitamin-D-Versorgung zur Verhütung der Knochenweiche (Rachitis) besonders wichtig. Überdosierungen sind aber schädlich. Anstelle des Lebertrans sollten daher genau dosierbare Vitamin-D-Präparate nach tierärztlicher Verordnung gegeben werden. Bierhefe – Bestandteil vieler Hundeflocken – enthält auch B-Vitamine. Für den jungen Hund ist die Zufütterung von „Futterkalk" für Wachstum und Knochenbau unerläßlich. Aber auch der erwachsene Hund braucht eine Mineralstoffergänzung, weil selbstzubereitetes Futter nicht alle Stoffe in ausreichender Menge enthält. Speziell für den Bedarf des Hundes zusammengestellte Mittel sind besser und billiger als Kalktabletten für Menschen.

Knochen enthalten Mineralstoffe, sind aber schwer verdaulich und können hartnäckige Verstopfungen verursachen. Ihr Wert liegt vor allem in der Gebißpflege und der „Gymnastik" für die Kaumuskulatur. In Maßen können daher Hunde mit gesunden Zähnen Kalbs- oder Rinderknochen erhalten. Hundekuchen oder Kauknochen aus Büffelhaut erfüllen allerdings den gleichen Zweck. Ältere Tiere mit Verdauungsproblemen oder Zahnkrankheiten müssen auf Knochen verzichten. Harte Röhrenknochen, vor allem von Geflügel, können splittern und Darmverletzungen verursachen. Kotelettknochen können in der Speiseröhre steckenbleiben. Sie gehören in den Mülleimer.

77

Fastentage müssen wildlebende Fleischfresser oft einlegen. Für Hunde mit Übergewicht ist ein Fastentag in der Woche ein probates Mittel zum Abnehmen. An den übrigen Tagen darf er sich einmal täglich sattfressen. Die fettarme Fleischgrundlage wird allerdings mit nährstoffarmer Lunge gestreckt, und statt der Flocken gibt es Weizenkleie und Rohkost. Einfacher, aber teurer, ist Diät-Fertigfutter.

Wasser, immer frisch und sauber, nie eiskalt, muß dem Hund ständig zur Verfügung stehen. Ein gesunder Hund trinkt zwar bei normal feuchtem Futter kaum, muß aber doch bei Hitze, nach Anstrengungen oder zu bestimmtem Futter seinen Durst löschen können. Ständig stark vermehrter Durst ohne erkennbaren Grund ist ein Krankheitszeichen.

Patentrezepte

Fragt man zehn Hundeexperten, erhält man sicher wenigstens neun „bewährte, für diese Rasse einzig richtige" Ernährungsanleitungen, von denen acht völlig richtig sind. Trotz aller Erfahrung und wissenschaftlicher Akribie gibt es gottlob viele Möglichkeiten, seinen Hund artgemäß und ausreichend zu ernähren. Man muß nur die angeführten Ernährungsregeln mit etwas Verständnis beachten – sei es mit Fertigfutter, sei es mit einem eigenen, auf Haushalt, Hund und Geldbeutel abgestellten Spezialrezept, sei es auch mit beidem.

Gesundheit

Vorbeugen ist besser als Heilen

Artgerechte Haltung, Pflege und Ernährung sind Voraussetzungen für die Gesundheit. Das seelische Wohlbefinden des Hundes ist so wichtig wie das körperliche. Der gesunde Hund nimmt aufmerksam und lebhaft Anteil an seiner Umgebung. Er ist kräftig und ausdauernd. In der Ruhe atmet er 10- bis 20mal, das Herz schlägt 70- bis 100mal in der Minute. Die Körpertemperatur liegt um 38,5 °C. Gesundheit ist nicht nur „Freisein von Krankheiten", sie schließt auch Widerstandskraft gegen Infektionen ein.

Das Haarkleid schützt nicht nur gegen Wind und Wetter. Ein glattes, glänzendes, dicht anliegendes Deckhaar ist auch Zeichen von Gesundheit. Darunter wärmt ein dichtes, wolliges Unterhaar. Der Dackel soll täglich mit einer Spezialbürste gestriegelt werden. Ein Kamm wird nicht benutzt. Damit könnten auch gesunde Haare ausgerissen und kleinste Hautverletzungen verursacht werden. Besonders wichtig ist das Bürsten während des Haarwechsels im Frühjahr und zum Winteranfang. Dann geht die Unterwolle manchmal in dichten Büscheln aus. Durch Baden kann der schützende Säuremantel der Haut zerstört und das Haar entfettet werden. Der Dackel wird deswegen nur ausnahmsweise gebadet, zum Beispiel wenn er sich nach Hundeart in Aas oder Kot gewälzt hat. Dann wird er lauwarm geduscht und mit Hundeshampoo oder mildem Haarwaschmittel, nie jedoch mit Seife oder Spülmittel gewaschen. Nach gründlichem Ausspülen wird das Fell trockengerieben. An einem warmen, zugfreien Ort muß das Fell trocknen, ehe der Hund wieder hinaus darf.

Etwas ganz anderes ist das Baden in freier Natur. Dackel sind gute und häufig begeisterte Schwimmer. An heißen Sommertagen sei ihnen eine Erfrischung gegönnt. Die natürlichen Schutzeinrichtungen von Haut und Haar werden sie vor Erkältungen bewahren.

Stumpfes Haar, ständiger Haarausfall und starker Geruch deuten auf innere Erkrankungen hin. Die Haut soll frei von Schuppen und Rötungen sein, kein Juckreiz soll den Hund plagen.

79

Flöhe, Läuse und Haarlinge kann auch der gepflegteste Hund von einer Hundebegegnung mitbringen. Bei Juckreiz wird als erstes die Haut auf Flohstiche – bis zu linsengroße, geschwollene Rötungen – und das Fell auf Parasitenkot – kleine schwarze Pünktchen – abgesucht. Lieblingssitze der ungebetenen Gäste sind die Innenflächen der Hinterbeine, die „Achselhöhlen" und die Ohrmuscheln. Bei leichtem Befall genügt ein Flohpuder oder -spray. Wirksamer sind Waschlösungen, die das Fell bis auf die Haut benetzen oder verschreibungspflichtige Mittel, die – auf die Haut getropft – bis zu vier Wochen wirken. Das Ablecken insektizider Mittel muß unbedingt verhindert werden; sie sind dann auch für den Hund giftig. „Anti-Floh-Halsbänder" geben bis zu vier Monaten gas- oder puderförmige Wirkstoffe ab. In Hundehütten können bei einigen Halsbändern Gaskonzentrationen auftreten, die auch für den Hund bedenklich sind. Manche Halsbänder verlieren zudem durch Nässe an Wirksamkeit. Bei Flohbefall muß immer das Lager des Hundes mitbehandelt werden. Moderne Spezialmittel töten dabei nicht nur erwachsene Flöhe, sondern verhindern auch, daß sich aus den vorhandenen Larven „fertige" Flöhe entwickeln. Hundedekken werden am besten ausgekocht, Teppiche regelmäßig gesaugt und Stroh in der Hütte gewechselt.

Zecken lassen sich aus dem Gebüsch auf den Hund fallen, beißen sich in der Haut fest und saugen sich mit Blut voll. Sie sehen dann wie prallgefüllte graubraune bis zu kirchkerngroße Säckchen aus. Je länger sie saugen, desto größer ist in bestimmten verseuchten Gegenden die Gefahr, daß eine für Hunde gefährliche Infektionskrankheit, die Borreliose, übertragen wird. Deshalb sollten Zecken so rasch wie möglich entfernt werden. Sie dürfen aber nicht einfach ausgerissen werden, weil dabei die Beißwerkzeuge in der Haut steckenbleiben und Entzündungen verursachen können. Am besten erfaßt man die Zecke mit einer Spezialpinzette und hebelt sie drehend aus der Haut heraus. Man kann sie aber auch mit Alkohol, „Desinsekt"-Spray oder in Öl eingehüllt betäuben und dann herausdrehen, sofern sie nicht innerhalb einer halben Stunde abgefallen ist.

Die Ohren sollten alle vier Wochen gereinigt werden. Mit Wattestäbchen kann man das Trommelfell zwar kaum verletzen, das Ohrenschmalz aber in der Tiefe zusammenstopfen. Besser ist ein alkoholischer Ohrreiniger, der randvoll ins Ohr eingegossen und bei zugedrückter Ohrmuschel durchmassiert wird. Das gelöste Ohrschmalz kann der Hund dann selbst ausschütteln, vorzugsweise im Freien.

80

Sein Fell ist ungepflegt, das tote Haar muß ausgekämmt werden

Dunkle, übelriechende Beläge im Ohr zeigen eine Entzündung an. Meist wird sich der Hund dann auch am Ohr oder – scheinbar – am Halsband kratzen und den Kopf schütteln. Ursache des „Ohrenzwanges" können Ohrenmilben, Grasgrannen oder andere Fremdkörper sowie Bakterien und Pilze sein. Wenn zwei- bis dreimalige gründliche Reinigung mit dem Ohrreiniger keine Besserung bringen, ist eine gezielte Behandlung erforderlich.

Die Augen werden mit einem Stückchen Mullbinde oder einem Taschentuch vom „Schlaf" gereinigt. Fusseln von Watte oder Papiertaschentüchern reizen die Schleimhäute. Bindehautentzündungen können auch durch Zugluft, Staub oder starke Sonne verursacht werden. Besonders anfällig sind Hunde, deren Augenlider am Augapfel nicht eng anliegen. Das kommt beim Dackel gottlob nur äußerst selten vor. Zur Linderung werden Augentropfen in den heruntergezogenen Bindehautsack geträufelt. Borwasser wird heute nicht mehr verwendet, weil feine Kristalle als Fremdkörper wirken können. Länger andauernder wässriger, schleimiger oder eitriger Augenausfluß sollte nicht mit Hausmitteln kuriert werden: Es könnte eine Infektion vorliegen;

81

Wucherungen auf der Rückseite der Nickhaut müssen meist operativ behandelt werden.

Die Zähne werden durch Hundekuchen oder Knochen ausreichend gereinigt. Auch die Tortur des Zähneputzens kann Zahnstein nicht verhindern. Zur Entfernung weicher Beläge eignet sich am ehesten ein Wattbausch, getränkt mit dreiprozentiger Wasserstoffsuperoxydlösung. Zahnstein ist ein fest anhaftender brauner Belag aus verhärteten Salzen. Fauliger Mundgeruch durch Zahnfleischentzündungen und -vereiterungen sowie Zahnausfall sind die Folgen. Zahnstein sollte frühzeitig fachkundig entfernt werden. Lose Zähne müssen gezogen werden; der Hund kann auf schmerzende Zähne gut verzichten. Nach Entfernung der Eiterherde wird er sich auch allgemein wohler fühlen, denn sie können den Körper vergiften und zum Beispiel chronische Herzklappenentzündungen auslösen. Auch Milchhakenzähne, die beim Zahnwechsel nicht ausfallen, müssen gezogen werden. Sie können zu Stellungsfehlern im bleibenden Gebiß führen.

Die Analbeutel sollen eigentlich bei jedem Kotabsatz eine individuelle Duftmarke zur Revierkennzeichnung hinterlassen. Infolge der Domestikation funktioniert die Entleerung häufig nicht richtig. Sekretstauungen sind die Folge. Den Juckreiz versucht der Hund vergeblich durch Rutschen auf dem After zu beseitigen. Dieses „Schlittenfahren" ist entgegen landläufiger Vermutung fast nie auf Wurmbefall zurückzuführen. Stark gefüllte Analbeutel müssen fachkundig ausgedrückt, vereiterte müssen tierärztlich behandelt werden.

Die Krallen werden bei normalem Auslauf ausreichend abgelaufen. Nur bei krankhaftem Hornwachstum, Stellungsfehlern oder ständigem Laufen auf zu weichem Boden müssen sie geschnitten werden. Dabei soll die in der Kralle verlaufende Ader nicht verletzt werden. „Wolfskrallen", Überbleibsel der an sich verkümmerten fünften Zehe an den Hinterläufen, können bei Verletzungen stark bluten. Sie sollten vorsorglich amputiert werden. Das geschieht üblicherweise schon bei neugeborenen Welpen.

Erste Hilfe tut not

Hautverletzungen müssen genau inspiziert werden. Oberflächliche Abschürfungen und Schrunden können mit Hausmitteln behandelt werden. Auf jeden Fall werden im Bereich der Verletzungen die Haare mit einer gebogenen Schere kurz abgeschnitten. Sie verkleben sonst

82

Ich warte aufs Herrchen

mit dem Wundsekret; Vereiterung ist die Folge. Die Wunde wird mit Wundgel, -spray oder -tinktur behandelt. Fetthaltige Salben behindern den heilungsfördernden Luftzutritt, Puder verkrustet.

Bei tieferen Wunden mit Durchtrennung der Haut sollte umgehend ein Tierarzt hinzugezogen werden. Bei Beißereien und Stacheldrahtverletzungen wird die Haut oft vom Körper losgerissen, so daß tiefe Taschen entstehen. Haare und Schmutz in der Tiefe der Wunden müssen so weit wie möglich entfernt werden. Von Fall zu Fall ist zu prüfen, ob eine „offene Wundbehandlung" oder eine Naht besser ist. Nur frische Wunden können mit Aussicht auf komplikationslose Heilung genäht werden.

Eine offene, aus der Tiefe nässende oder eiternde Wunde darf der Hund belecken. In allen anderen Fällen wird die Wundheilung behindert, weil die zarten Heilungszellen am Wundrand gestört werden. Das Belecken von Wunden und das Abreißen von Verbänden können durch einen Halskragen verhindert werden. Aus einem passenden Plastikeimer wird der Boden herausgeschnitten. Die Schnittkanten werden abgepolstert, an vier Stellen durchlöchert und mit Bindfäden versehen, die am Lederhalsband festgebunden werden.

83

Wundstarrkrampf ist beim Hund selten. Impfungen sind daher nicht üblich. Zur Vorbeuge sollen Wunden ausbluten und nicht luftdicht abgedeckt werden. Wenn größere Adern verletzt sind, kommt es zu andauernden, starken Blutungen. Häufig tritt Blut im Strahl aus. Dann muß zur ersten Hilfe ein Druckverband angelegt werden. An ungünstigen Körperstellen wie am Kopf kann auch von Hand eine Kompresse aufgedrückt werden. Gliedmaßen können abgebunden werden, die Abbindung muß aber viertelstündlich kurz gelöst werden. In solchen Fällen ist stets umgehend tierärztliche Hilfe erforderlich.

Unfälle können auch zu inneren Verletzungen und Gehirnerschütterungen führen. Bei Bewußtseinstrübungen soll nie Flüssigkeit eingeflößt werden. Die Maulschleimhaut kann aber mit Kaffee, Tee oder auch einfach mit Wasser befeuchtet werden. Der Hund wird seitlich mit tiefliegendem Kopf und herausgezogener Zunge auf einer Decke gelagert, die, von zwei Personen an den Ecken strammgezogen, auch als „Tragbahre" dient. Am Unfallort sind meistens die Diagnose und vor allem eine wirksame Schockbehandlung erschwert. Telefonisch sollte zur Vermeidung unnötiger Wege und Zeiten ein dienstbereiter Tierarzt verständigt und umgehend aufgesucht werden.

Lahmheiten können viele Ursachen haben. Als erstes wird die Pfote untersucht. Dornen oder Splitter werden ausgezogen. Verfilzte Haare drücken zwischen den Ballen wie ein Stein im Schuh; sie werden daher vorsichtig ausgeschnitten. Wunde Stellen werden wie Hautverletzungen behandelt. Im Winter müssen Streusalzreste von den Pfoten abgewaschen werden. Bei Krallenbettentzündungen können warme Kamillen- oder Seifenbäder Linderung bringen. Lose Krallenteile werden an der Bruchstelle beherzt abgeschnitten. In vielen Fällen ist ein Verband erforderlich. Er muß fachkundig angelegt werden, um Druckstellen zu vermeiden.

Bei Schwellungen, Prellungen und Verstauchungen kann das Fell des betroffenen Körperteils mehrmals täglich mit kaltem Wasser durchnäßt werden. Das wirkt wie ein Kühlverband, lindert den Schmerz und hemmt – frühzeitig angewendet – weitere Schwellungen. Wenn ein Bein überhaupt nicht belastet wird, besteht Verdacht auf Knochenbruch. Bei stark abnormer Beweglichkeit können die Gliedmaße durch eine Notschiene ruhiggestellt werden. Ein feuchtes Tuch, zwei ausreichend lange Stöcke und Binden oder Leukoplast genügen fürs erste. Die benachbarten Gelenke müssen mit fixiert werden.

Andauernde, wiederkehrende oder sich verschlimmernde Bewegungsstörungen sind stets ein Fall für den Tierarzt. Bei Junghunden können schmerzhafte Knochenauftreibungen oder Ablösungen des Ellenbogenhöckers zu Lahmheiten führen. Ältere Hunde leiden oft unter chronischen Gelenkentzündungen. Im Alter können auch die Rückenmarkshäute verknöchern. Dadurch werden die Nerven eingeklemmt. Zunehmende Nachhandschwäche bis hin zur Lähmung ist die Folge. Relativ oft wird das Humpeln auf einem Hinterbein durch eine Ausrenkung der Kniescheibe oder durch Riß von Bändern bedingt, die operativ fixiert werden müssen.

Vergiftungen sind meist „Unglücksfälle" und nur selten böse Absicht. Rattengift kann bei unsachgemäßem Auslegen direkt, aber auch mit vergifteten Nagetieren aufgenommen werden. Meist handelt es sich um Cumarinpräparate, die zu inneren Blutungen führen. Vorsicht ist auch bei Schädlings- und Unkrautbekämpfungs- sowie bei Frostschutzmitteln geboten. Hochgiftige Thallium-, Zinkphosphid- und Arsenzubereitungen, Blausäure und Strychnin sind heute gottlob kaum noch erhältlich. Die besten Überlebenschancen bestehen, wenn man „nach frischer Tat" das Gift wieder aus dem Magen herausbefördern kann. Der Tierarzt kann Erbrechen durch eine Spritze auslösen, der Laie durch Eingeben von zwei bis drei Teelöffeln Salz. Nach dem Erbrechen kann eine Aufschwemmung von etwa zehn Kohlekompretten eingeflößt werden. Milch wird nicht gegeben, weil verschiedene Gifte fettlöslich sind. Etwa vorhandene Hinweise auf die Art des Giftes ermöglichen eine rechtzeitige, gezielte tierärztliche Behandlung. Ungewisser sind die Aussichten, wenn Vergiftungsfolgen wie Krämpfe, Mattigkeit oder Brechdurchfall schon eingetreten sind, die Ursache aber nur vermutet werden kann. Eine genaue Diagnose ist oft erst durch Spätschäden wie Blutungen oder Haarausfall möglich. Dann kann es für eine Rettung bereits zu spät sein.

Durchfall ohne Fieber bessert sich häufig nach einem Fastentag: Der Hund erhält ausschließlich stark verdünnten Tee mit einer Prise Salz, aber ohne Zucker. Zur Geschmacksverbesserung ist Süßstoff erlaubt. Zusätzlich ist es nie verkehrt, eine Aufschwemmung von Kohlekompretten einzugeben. Keinesfalls darf Durchfall mit Wasserentzug „behandelt" werden; der Körper würde zu stark austrocknen. Am zweiten Tag erhält der Hund in kleinen Portionen ein Diätfutter, zum Beispiel Beefsteakhack, Schmelzflocken und rohen geriebenen Apfel. Am dritten Tag muß der Kot zumindest wieder dickbreiig sein.

Verstopfungen lassen sich oft durch rohe Leber oder Milz oder einige Teelöffel süßer Dosenmilch beheben. Bei krampfhaft vergeblichem Drängen kann ein Mikroklistier Erfolg bringen. Bei einer Verhärtung von Knochenteilen im Enddarm hilft allerdings meist nur ein fachgerechter Einlauf.

Erbrechen ist keine selbständige Krankheit. Einmaliges Erbrechen kann durch zu hastiges Fressen, zu kaltes Futter oder Aufnahme von Fremdkörpern ausgelöst werden. Gelegentliches Erbrechen ist beim Hund ohne große Bedeutung. Um zu erbrechen, frißt der Hund häufig Gras. Geschieht dies regelmäßig, oder wird ständig das Futter erbrochen, muß ein Tierarzt zugezogen werden. Auch Durchfall und Erbrechen mit Fieber sind kein Fall für Hausmittel.

Scheinschwangerschaft tritt bei manchen Hündinnen etwa acht Wochen nach der Läufigkeit auf. Sie sind unruhig, „bemuttern" irgendwelche Gegenstände, fressen schlecht und erbrechen gelegentlich. Das Gesäuge schwillt, Milch bildet sich. Abhilfe schafft häufig wenig Fressen und Trinken bei viel Bewegung und Beschäftigung. Das Gesäuge kann mehrmals täglich mit kaltem Wasser befeuchtet werden, um Schwellung und Milchproduktion zu hemmen. Keineswegs soll die Milch ausgedrückt werden. Damit würde nur die weitere Milchbildung angeregt. Bei sehr starker Gesäugeschwellung und trotz Hausmitteln nicht nachlassenden Erscheinungen muß der Tierarzt verständigt werden.

Insektenstiche, vor allem durch das Schnappen nach Wespen und Bienen verursacht, können schnell zu erheblichen Schwellungen am Kopf oder, noch schlimmer, im Rachen führen. Äußerliche Kühlung mit Eiswürfeln und eine Tablette gegen Allergie – falls zur Hand – ersparen oft nicht die möglichst rasche tierärztliche Behandlung.

Alarmzeichen

Fieber ist eine Abwehrreaktion des Körpers, meist auf Infektionen. Die Hundenase kann auch beim kranken Hund feucht und kühl sein. Die Temperatur muß mit einem Fieberthermometer, (je nach Modell bis zu fünf Minuten) im Mastdarm gemessen werden. Sie darf nicht über 39 °C liegen. Untertemperaturen unter 37,5 °C entstehen infolge einer Reduzierung der Stoffwechselvorgänge häufig vor dem Tod.

Husten, als ob ein Knochen im Hals säße, tritt bei Mandelentzündungen auf. Ernstere Infektionen wie Zwingerhusten oder gar Staupe könnten dann vorliegen. Pumpende Atmung entsteht durch eine Lungenentzündung, aber auch durch Wasseransammlung in der Lunge, zum

Beispiel infolge von Vergiftungen. Bei alten Hunden kann der damit verbundene Husten auch auf eine Herzschwäche zurückzuführen sein. Bauchpressen und Aufblasen der Backen sind Zeichen höchster Atemnot.

Schleimhäute im Auge und im Fang geben Hinweis auf innere Erkrankungen: Blässe deutet auf Blutarmut hin, Gelbfärbung auf Leberschäden mit Gelbsucht, Blutungen auf schwere Infektionen oder Vergiftungen, eine bläuliche Färbung tritt bei Herz- und Kreislaufschwäche auf.

Kot und Urin mit Blutbeimengungen lassen schwerwiegende krankhafte Veränderungen erkennen. Bei Blutungen im Magen und in den vorderen Darmabschnitten kann der Stuhl durch das verdaute Blut pechschwarz aussehen. Nierenerkrankungen können auch mit erhöhtem Durst verbunden sein. Wenn Mattigkeit und Mundgeruch hinzukommen, ist meist bereits eine Harnvergiftung eingetreten. Harnsteine, Blasenriß oder Vergiftungen können dazu führen, daß überhaupt kein Urin mehr abgesetzt wird; dann besteht höchste Gefahr. Geschwülste, Prostatavergrößerungen und Mastdarmveränderungen erschweren den Kotabsatz. Verhärtete Knochenteile können den Enddarm völlig verstopfen. Erbrechen und zunehmende Mattigkeit bei fehlendem Kotabsatz sprechen für einen Darmverschluß oder einen Fremdkörper im Darm.

Speicheln wird im harmlosesten Fall durch Fremdkörper in der Maulhöhle oder durch lose Zähne verursacht, bedenklicher wäre eine E-605-Vergiftung oder Pseudowut, schlimmstenfalls ist an Tollwut zu denken.

Umfangsvermehrungen des Bauches bei sonst normalem Ernährungszustand oder zunehmende Abmagerung können durch Tumore oder Bauchhöhlenwasser hervorgerufen werden. Bei einer Gebärmuttervereiterung besteht gleichzeitig fast immer starker Durst, gelegentlich auch Scheidenausfluß. Eine plötzliche Aufblähung des Bauches mit Kolik und Kreislaufschwäche, bedingt durch eine Magendrehung, erfordert unverzügliche Operation. Eine Entzündung der Kaumuskeln mit Schwellung und Verhärtung sowie hervortretenden Augäpfeln muß sofort tierärztlich behandelt werden.

Infektionen bedrohen die Gesundheit

Staupe und ansteckende Leberentzündung (Hepatitis) sind Viruskrankheiten, die für Junghunde besonders gefährlich sind, aber auch

ältere Hunde befallen. Staupe beginnt mit einem häufig kaum merk-
baren, kurzen Fieber, dem nach etwa acht Tagen eine schwere Lungenentzündung mit eitrigem Augen- und Nasenausfluß oder ein Durchfall
folgt. Eine besondere Verlaufsform ist mit einer Verhärtung der Ballen
verbunden. Nach scheinbarer Besserung treten nervöse Erscheinungen
bis hin zu Krämpfen auf, die meistens zum Tod führen. Nach überstan-
dener Staupe bleibt häufig ein nervöses Zucken der Kopfmuskeln, der
„Staupetick", nach Erkrankungen im Junghundalter das „Staupege-
biß" mit erheblichen Zahnschmelzdefekten zurück.

Die ansteckende Leberentzündung verläuft ähnlich, mit hohem Fieber, Apathie und Appetitlosigkeit. Hornhauttrübungen können bleibende Folgeschäden sein.

Stuttgarter Hundeseuche (Leptospirose) wird durch Bakterien verursacht und von Hund zu Hund übertragen. Sie beginnt häufig mit
einer Schwäche in den Hinterbeinen. Geschwüre im Maul, Magen und
Darm sind mit aasartig-faulem Maulgeruch und blutigem Durchfall
verbunden.

Tollwut tritt bei Hunden nur noch selten auf. Die Seuche wird vor
allem durch Füchse übertragen. Hinweisschilder warnen in gefährdeten Gebieten vor Tollwut. Die Krankheit ist besonders tückisch: Die
typischen Wuterscheinungen mit heiserem Gebell, Wasserscheue,
Unruhe und unmotivierter Beißwut fehlen häufig. Die „stille Wut" ist
im Anfangsstadium schwer zu erkennen. Ein erkranktes Tier stirbt
immer.

Parvovirose ist bei uns in den letzten Jahren regelmäßig aufgetreten.
Die Seuche wurde zunächst auf Ausstellungen verbreitet. Der Erreger
ähnelt dem Katzenseuchevirus. Die Ansteckung erfolgt über die Ausscheidungen von Hund zu Hund. Bei Welpen tritt plötzlicher Herztod
auf, ältere Hunde sterben nach unstillbarem, blutigem Durchfall und
Erbrechen.

Impfungen schützen vor diesen Infektionskrankheiten

Welpen in gefährdeten Zuchten oder ungeimpfte Hunde mit verdächti-
gen Krankheitserscheinungen können mit einem Serum behandelt
werden, das fertige spezifische Abwehrstoffe enthält. Diese „passive
Immunisierung" schützt aber nur für zwei bis drei Wochen. Der Käufer
eines Hundes sollte den Impfpaß daraufhin genau prüfen.

Hier räkelt sich ein Rauhhaar-Jüngling

Länger dauernden Schutz vermittelt nur die „aktive" Schutzimpfung. Dabei werden abgeschwächte oder abgetötete Infektionserreger eingeimpft. Der Körper reagiert darauf mit der Bildung eigener Abwehrstoffe. Bei den heute üblichen Kombinationsstoffen kennzeichnen die Buchstaben S, H, L, T und P die Wirksamkeit gegen die

89

in Frage kommenden Seuchen (Staupe, Hepatitis, Leptospirose, Tollwut und Parvovirose). Welpen werden mit sieben bis acht Wochen das erste Mal geimpft und müssen dann mit zwölf Wochen nachgeimpft werden. Bei älteren Hunden genügt eine einmalige Grundimmunisierung. Der einmal gebildete Impfschutz baut sich im Laufe der Zeit ab. Kommt der Hund mit betreffenden Seuchenerregern in Berührung, so wird die Antikörperbildung aufgefrischt. Ist der Impfschutz aber bereits zu stark abgesunken, kann der Hund erkranken. Deshalb sind Auffrischungsimpfungen im Abstand von ein bis zwei Jahren erforderlich. Ein sicherer Impfschutz des Hundes ist auch für den Menschen wichtig. Erkrankte Hunde können Leptospiren übertragen, die beim Menschen das „Canicola Fieber" oder die „Weiche Krankheit" hervorrufen. Hundetollwut ist wegen des engen Kontaktes für Menschen viel gefährlicher als Wildtollwut. Geimpfte Hunde übertragen keine Tollwut. Nach einem Kontakt mit verdächtigem Wild brauchen sie deshalb auch nicht getötet zu werden, wie dies für ungeimpfte Hunde gesetzlich vorgeschrieben ist. Schließlich können sie auf Auslandsreisen mitgenommen werden.

Gegen andere Infektionen schützt Vorsicht

Toxoplasmose wird durch einzellige Schmarotzer hervorgerufen. Ihr Stammwirt ist die Katze. Bei anderen Tieren werden ansteckungsfähige Dauerformen gebildet. Hunde erkranken überwiegend durch infiziertes Schweinefleisch. Für die Ansteckung des Menschen wurden sie früher zu Unrecht verantwortlich gemacht.

Aujeszkysche Krankheit wird ebenfalls durch Schweinefleisch übertragen. Unstillbarer Juckreiz, Unruhe, Ängstlichkeit und Speichelfluß haben gewisse Ähnlichkeit mit Tollwut. Die Krankheit wird daher auch „Pseudowut" genannt. Schweinefleisch und in der Zusammensetzung unbekannte Fleischmischungen (z. B. aus Supermärkten) müssen deshalb gut durchgekocht werden. Fertigfutter und Rindfleisch sind dagegen unbedenklich.

Zwingerhusten tritt vor allem in Tierheimen und Hundehandlungen auf. Unter begünstigenden Umständen lösen Viren und Bakterien gemeinsam Entzündungen von Luftröhre und Bronchien aus. Kennzeichnend ist ein kurzer, trockener Husten. Sekundärinfektionen können den Krankheitsverlauf verschlimmern. Einen gesunden Hund kauft man mit größerer Wahrscheinlichkeit beim Züchter. Während des Urlaubs sollte man seinen Hund nicht in unbekannte Heime oder Pensionen geben und ihn vorsorglich auch gegen Parvovirose impfen lassen.

Wurmkuren gegen unerwünschte Kostgänger

Spulwürmer können bei Junghunden zu Verdauungs- und Entwicklungsstörungen, zu Vergiftungserscheinungen und sogar zum Tod führen. Fast alle Welpen werden im Mutterleib mit Spulwürmern infiziert. Die ersten Wurmkuren soll schon der Züchter durchführen. Junghunde werden vierteljährlich entwurmt. Ältere Hunde beherbergen nur noch einzelne Würmer. Sie richten zwar keinen großen Schaden an, sind aber eine ständige Infektionsquelle. Hündinnen sollten sechs Wochen nach jeder Läufigkeit, Rüden einmal jährlich entwurmt werden. Bei festgestelltem Wurmbefall ist eine sofortige Entwurmung mit einer Wiederholungsbehandlung nach zwei bis drei Wochen erforderlich. Rohe Möhren garantieren keine Wurmfreiheit. Wirksame und verträgliche Mittel sind verschreibungspflichtig. Sie wirken auch gegen andere Rundwurmarten, zum Beispiel gegen Hakenwürmer.

Spulwürmer sind auf ihre Wirtstierarten spezialisiert; wenn der Mensch Hundespulwurmeier aufnimmt, schlüpfen zwar Larven und beginnen ihre Wanderung im Körper, sie bleiben jedoch in Organen oder Muskeln stecken und können dort schmerzhafte Entzündungen verursachen. Besonders gefährdet sind „Krabbelkinder". Wurmkuren dienen daher auch dem Gesundheitsschutz der Familie. Auf Kinderspielplätzen haben Hunde nichts zu suchen.

Bandwürmer brauchen für ihre Entwicklung stets einen Zwischenwirt. Für den Hundebandwurm ist dies der Floh. Er nimmt die Wurmeier auf, aus denen sich eine Finne entwickelt. Der Hund „knackt" den Floh – die Finne wächst im Hundedarm zum fertigen Bandwurm aus. Mit dem Kot erscheinen nach geraumer Zeit einzelne kürbiskernförmige, anfangs noch bewegliche Bandwurmglieder oder ein längeres, deutlich gegliedertes Wurmende. Die meisten Spulwurmmittel sind gegen Bandwürmer unwirksam. Heute gibt es aber gut verträgliche und sicher wirkende Bandwurmmittel. Zur Bandwurmkur gehört stets eine Flohbehandlung von Hund und Lager.

Besonders bei Jagdhunden kann auch der „gesägte Bandwurm" auftreten, dessen Zwischenwirte Hasen und Kaninchen sind. Andere Bandwurmarten, die durch Fisch oder Wild, Rinder- oder Schafeingeweide übertragen werden, kommen seltener vor. Dazu zählt der „drei-gliedrige Bandwurm", der auch dem Menschen gefährlich werden kann. Der Hund sollte zur Vorbeuge keine rohen „Konfiskat"-Inne-reien erhalten und daran gehindert werden, Kadaver von Wildtieren anzufressen. Für Menschen besonders gefährlich ist der vor allem in einigen Gegenden Süddeutschlands verbreitete „Fuchsbandwurm", der auch durch Hunde übertragen werden kann. Neben regelmäßigen Bandwurmkuren ist es die beste Vorbeuge, den Hund in Wald und Flur anzuleinen.

Kleine Hausapotheke für den Hund

Zur Pflege und zur Ersten Hilfe sollten einige Instrumente und Medi-kamente bereitgehalten werden. Sie sind kindersicher, kühl und trok-ken aufzubewahren. Wenn unser Hund zu Reisekrankheit neigt, unter Rheuma leidet und häufiger bestimmte andere Wehwehchen hat, werden die tierärztlich verordneten Medikamente vorrätig gehalten, um auf bewährte Weise rasch helfen zu können. Vitamin- und Mineral-stoffpräparate werden dort aufbewahrt, wo sie gebraucht werden: in der „Futterküche".

Zehn Tips für den Besuch beim Tierarzt

1 Nach Möglichkeit sollte der Hund in der Praxis des Tierarztes vorgestellt werden. Dort kann eine Erkrankung besser erkannt und behandelt werden.
2 Bei Verdacht auf ansteckende Krankheiten lassen Sie sich aber vom Tierarzt einen Sondertermin geben, oder Sie bitten ihn um einen Hausbesuch, um andere Hunde im Wartezimmer nicht anzustecken.
3 Mit einem unruhigen Hund wartet man besser im Auto, bis man an der Reihe ist.
4 Der Hund muß systematisch dazu erzogen werden, sich unter-suchen zu lassen. Manipulationen an den Ohren, Öffnen des Fanges und Fiebermessen können geübt werden! Auf dem Unter-suchungstisch muß der Hund beruhigt werden. Dazu müssen Sie selbst ruhig bleiben, erforderlichenfalls aber auch energisch werden.

5 Der Hund kann nicht sprechen. Daher müssen Sie Krankheitserscheinungen und -dauer genau schildern. Das erleichtert dem
Tierarzt die Diagnose.

6 Bei Verdauungsstörungen ist die Beschaffenheit des Kotes genau
zu beschreiben. Es ist nie verkehrt, eine Kotprobe, abgegangene
Würmer oder Fremdkörper mitzunehmen.

7 Bei Verdacht auf innere Erkrankungen kann vorsorglich auch eine
in einem sauberen Gefäß aufgefangene Harnprobe mitgenommen
werden.

8 Bringen Sie auch den Impfpaß mit!

9 Notieren Sie die Behandlungsanweisungen; erfahrungsgemäß wird
vieles nach der Aufregung des Tierarztbesuches leicht vergessen
oder verwechselt.

10 Denken Sie auch an den Stolz der Dame des Tierarzthauses:
Verwehren Sie Ihrem Rüden das Beinheben an den Ziersträu-
chern im Vorgarten nach Verlassen der Praxis.

Gefahren für die menschliche Gesundheit?

Impfungen und Wurmkuren schränken Ansteckungsgefahren ein.
Hygiene tut ein übriges: Selbstverständlich hat der Hund sein eigenes
Lager und Futtergeschirr; beides ist peinlich sauber. Rasen und Wege
werden von Hundekot freigehalten. Der Hund wird so erzogen, daß er
das Gesicht nicht ableckt. Das Belecken der Hände ist Ausdruck seiner
Zuneigung. Man darf sie dulden, denn man kann sich die Hände
anschließend waschen. Vorsichtige können Lager, Hütte und andere
hygienegefährdete Stellen und Gegenstände regelmäßig desinfizieren.
Die Mittel sollen gegen Viren, Bakterien und Pilze wirken. Zur
Schnelldesinfektion eignet sich ein „Desinsektspray", der auch Ekto-
parasiten abtötet. Besonders angezeigt sind solche Maßnahmen, wenn
der Hund eiternde Wunden, Ekzeme, Furunkel oder eine Vorhaut-,
Zahnfleisch- oder Mandelentzündung hat. Diese Infektionen sind kon-
sequent zu behandeln. Eitererreger können auch beim Menschen
Komplikationen verursachen. Vorsicht ist stets bei schlecht heilenden
oder sich ausbreitenden Ekzemen geboten: Räudemilben sind zwar auf
Tierarten „spezialisiert", können jedoch auch beim Menschen juk-
kende Hautrötungen verursachen. Hautpilzinfektionen sind auf Menschen übertragbar. Daher sollte man umgehend eine Spezialunter-
suchung und Behandlung veranlassen. Pilzinfektionen entstehen nur,

93

wenn sich die Erreger länger als 12 bis 24 Stunden auf der menschlichen Haut einnisten können. Gründliches Waschen bannt die Gefahr. Zusätzliche Sicherheit bietet ein Handdesinfektionsmittel, das nach Berührung verdächtiger Stellen oder Ausscheidungen in die Hände eingerieben wird.

Allergien sind auch durch größte Sauberkeit nicht immer zu vermeiden. Einige Menschen reagieren bei Kontakt mit Tierhaaren und -hautteilen mit Ausschlägen oder Atembeschwerden. Katzen, Meerschweinchen und Vögel sind viel öfter als Hunde die Auslöser; viele andere pflanzliche und tierische Stoffe kommen hinzu. Die Allergieursache kann von einem Hautarzt durch Spezialtests auf der Haut ermittelt werden. Auf Verdacht braucht also kein Hund abgeschafft zu werden. Und vor der Anschaffung eines Dackels brauchen auch gesundheitsbewußte Hundefreunde nicht zurückzuschrecken.

Verbände

Die große deutsche Dachorganisation für die Rassehundevereine ist der
  Verband für das Deutsche Hundewesen (VDH)
  Westfalendamm 174, 4600 Dortmund 1
Dem VDH angeschlossen ist
  Deutscher Teckelklub e. V. (DTK), gegr. 1888,
  Prinzenstraße 38, 4100 Duisburg 1
Der Deutsche Teckelklub ist unterteilt in Zusammenschlüsse auf Länderebene, den Arbeitsgemeinschaften.
In ihnen sind die Gruppen des jeweiligen Bundeslandes vereint.
Der Deutsche Teckelklub wird Ihnen auf Anfrage gern mitteilen, welche Gruppe seines Klubs Ihrem Wohnort am nächsten liegt.
Weitere Organisationen:
  Jagdgebrauchshundverband e. V.
  Geschäftsstelle: Ahrenloher Weg 6, 2081 Prisdorf
  Verein für Jagd-Teckel
  Müdichstraße 36, 6707 Schifferstadt
  Intern. Dackelklub Gergweis
  8353 Osterhofen-Gergweis

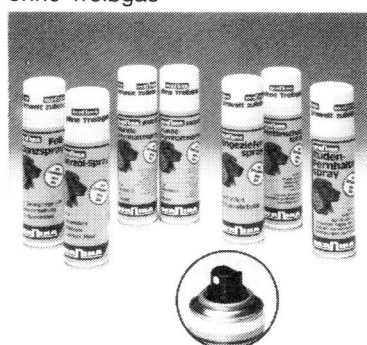

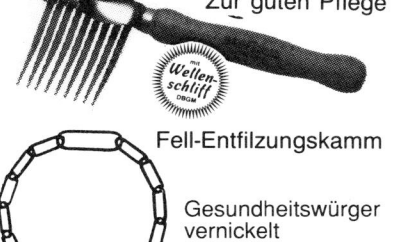

Bildnachweis

Titelbild	Rolf Hinz, Wedel
Seite 12	Deutscher Teckelklub e. V., Duisburg
Seite 19	Dr. Walter Cordes, Dinslaken
Seite 21	Erhard Meyer, Goslar
Seiten 26, 37	Helga Jucknies, Kiel
Seite 29	Sieghart Muthsam, Allmannshofen
Seiten 31, 64, 83	Dr. Uwe Hinz, Kiel
Seite 33	Rolf Heinzel, Weinfelden/Schweiz
Seiten 34, 69	Marianne Wein-Gysae, Ebstorf
Seite 41	Dr. Hand Jesse, Köln
Seiten 45, 73	Dr. Horst Kettendörfer, Kiel
Seite 47	Werner Dimpl, Frankfurt/M.
Seite 49	Hildegard Reitz, Großbottwar
Seiten 51, 61	Marianne Jahn, Meppen
Seite 53	Udo Gneiting, Kiel
Seite 58	Annemarie Gersbach, Kiel
Seite 65	Detlef Schwede, Ostenfeld
Seite 48	Jochen Holland, Göppingen
Seite 66	Karl Geißinger, Undorf
Seite 70	Theo Jucknies, Kiel
Seite 77	Ruprecht Sinnhuber, Gifhorn
Seite 75	Brigitte Ball, Meerbusch
Seite 67	Werner Kölling, Langenbrügge

Alle übrigen Abbildungen stammen vom Verfasser

Weiterführende Literatur aus dem Verlag Paul Parey, Hamburg und Berlin

BURTZIK, P., 1984:	Erziehung und Ausbildung des Hundes. 3. Auflage
EISERHARDT, H., 1980:	Die Führung des Jagdhundes im Feld, am Wasser und im Wald. 6. Auflage
FIEDELMEIER, L., 1983:	Kauf, Pflege und Fütterung des Hundes. 3. Auflage
HELBIG, L., 1978:	Der Welpe. 2. Auflage
HUTH, G., 1979:	Hunde in der Stadt
KAMPHAUSEN, E., 1963:	Dachshunde. 2. Auflage
KOBER, U., 1981:	Pareys Hundebuch
LUX, H., 1984:	Der Jagdteckel. 5. Auflage
POORTVLIET, R., 1987:	Mein Hundebuch. 2. Auflage
QUEDNAU, F., 1987:	Rechtskunde für Hundehalter
SCHMIDTKE, H.-O., 1984:	Gesundheitsfibel für Hunde. 2. Auflage
WEIDT, H., 1989:	Der Hund, mit dem wir leben: Verhalten und Wesen